SHODENSHA
SHINSHO

開成・灘・麻布・東大寺・武蔵は転ばせて伸ばす

おおたとしまさ

祥伝社新書

はじめに

1歳児がよちよち歩きを始めたとき。歩いて、転《ころ》んで、自《みずか》らまた立ち上がるのを、ほとんどの親は笑顔で見守ることができます。いまはよちよち歩きでも、もうじきまっすぐ歩けるようになるとわかっているからです。

しかし子供が大きくなり、精神的なよちよち歩きを始めると、親は不安でしょうがなくなってしまいます。それが精神的なよちよち歩きであって、もうじきまっすぐ歩けるようになることを知らないからです。

そこで慌《あわ》てて「もっと上手《じょうず》に歩きなさい」「まっすぐ歩きなさい」と口を出したり、転びそうになるところで手を出してしまったりすると、子供はなかなか自分一人でまっすぐ歩けるようになりません。

このとき、手助けが必要なのは、実は子供ではなくて、親のほうなのかもしれません。子供の発達に関する十分な知識もなく、子育ての見通しも立たず、じっと我慢して見守るのは、難しいことですから。

特に母親からしてみると、男の子のふるまいが理解できないことも多いでしょう。一般に、男の子の発達の仕方は、女の子に比べると不規則的だともいわれています。だからこそ、見守るのはとても難しいのです。

また、父親からしてみても、かつて自分が子供だったころとの社会環境の違いから、戸惑《とまど》うことも多いでしょう。かつての「理想の男性像」を押しつけることは、これからの男の子が生きていくうえでは足枷《あしかせ》になりかねません。

そこで男子教育のエキスパートに、21世紀の男の子の育て方・伸ばし方・見守り方を聞いてみました。

協力してくれたのは、開成《かいせい》、灘《なだ》、麻布《あざぶ》、東大寺学園《とうだいじがくえん》、武蔵《むさし》という、日本を代表する男子校のベテラン先生たち。ふだん中高生に接している先生方ですが、中学生になる以前の育て方にもアドバイスをもらいました。本当はほかの男子校にもお話を伺いたかった先生はたくさんいるのですが、今回は紙幅の関係上、この5校に絞りました。

結論から言ってしまえば、5校の先生たちに共通する考えは、「男の子は転ばせて伸ばす」。でも、わが子が転ぶのを見るのは親としてはつらい。そこで、どうしたら子供が転ぶのを、ハラハラドキドキしながらもなんとか見守れるようになるのか、その心構《こころがま》えや考え方を中心に話を聞きました。

また一方で、グローバル化やジェンダー論、インターネットやスマホとのかかわり、人工知能（ＡＩ）の台頭などという、親の経験があてにならない項目についても、21世紀の子育てで避けては通れないテーマとして、さまざまな観点から話題にしています。

本書内における学校の掲載順は、今回この本のために各校を取材したたまたまの順番です。先生たちとの対話を通して、私自身視野が広がったり、思考が深まったりしていきました。最初の開成と、最後の武蔵のときとでは、私の中の前提が微妙に変化している可能性があります。その時系列を読者と共有したいと思い、本書の構成上でも再現しました。

根底にあるメッセージはどの学校の先生もほぼ同じです。しかし表現の仕方であったり、論理の組み立て方であったりに、各校の校風や教育観の違いが少しずつにじみ出ているのではないかとも思います。その意味で、これら5校について、よくある学校情報誌とは違う角度から、それもかなり内側に近いところから知ることのできる貴重な本にもなったのではないかと思います。

親の立場からすれば、耳の痛い話も多いかもしれません。ハッと気付かされることも多いでしょう。しかしそれ以上にきっと、「あ、それでいいんだ」と胸をなで下ろす瞬間も、本書を読む中でたくさんあるはずです。

21世紀の「男の子」の親たちへ。

変えられるものを変える勇気と、変えられないものを受け入れる平静さと、それらを峻別《しゅんべつ》する叡智《えいち》が、もたらされますように。

目次

第2章 あきらめて信じる〈開成式〉

第3章　失敗を応援する〈灘式〉

第4章　危険に触れさせる〈麻布式〉

第5章 愛し方を変える〈東大寺式〉

第6章　収まるところに収まる〈武蔵式〉

第7章　21世紀型「できる男」の育て方

第1章

いまどきの男の子はつらいよ

わんぱく坊主は絶滅危惧種

1980年代に流行《はや》ったテレビドラマに『あばれはっちゃく』シリーズというのがありました。「喧嘩《けんか》といたずらなら誰にも負けない」を自他共に認めるのが主人公の桜間長太郎《さくらまちようたろう》。当然毎回トラブルを起こすのですが、どこか憎めない、人間味のあるキャラクターです。心の奥底では人一倍思いやりがあって、曲がったことが大嫌いなのは大工の父親譲り。同世代の私は彼に対する憧れを感じるほどでした。そんな凸凹《でこぼこ》だらけの長太郎を、なんだかんだ言いながら、社会全体がおおらかに見守っていることが伝わってくるストーリーです。

同じころ流行ったテレビアニメに『トム・ソーヤーの冒険』もありました。一九世紀のアメリカ中部を舞台にした、マーク・トウェインの小説が原作です。その主人公も歩くトラブルメーカーでした。でもみんなから愛される人気者。「生きる力」の塊《かたまり》のようなキャラクターです。

「わんぱくでもいい。たくましく育ってほしい」というテレビコマーシャルのコピーが大当たりした時期でもありました。現在の親世代なら、記憶に残っているのではないでしょうか。「受験戦争」「ガリ勉」などという言葉に対する、アンチテーゼという意味もあったのでしょう。まさに当時から、知識量や偏差値よりも「生きる力」が大切だと、みんなうすうす気付いていたのです。

では、あばれはっちゃくやトム・ソーヤーが現代の日本に現われたらどうなるでしょう。きっと学校や地域は大混乱。親はしょっちゅう学校に呼び出されることでしょう。余裕を失った先生からは「カウンセリングを受けたほうがいい」とアドバイスされるかもしれません。親たちのＬＩＮＥのグループには、あばれはっちゃくやトム・ソーヤーを非難するコメントがたくさん書き込まれることでしょう。

わんぱく坊主受難の時代です。

理解者が少ない男の子

家庭で子育てを主に担《にな》うのは、いまだに圧倒的に女性。保育園や幼稚園の先生も女性のほうが多い。

日中、男性は通勤電車に乗って会社に行ってしまい、地域から姿を消すのが現代社会です。平日の日中にいい歳《とし》をした男性が町内を歩いていると、「あの人、失業したのかしら?」と思われたり、不審者と見間違われたりしかねないのが現実です。それくらい、子供の育つ環境に男性がいない。

古き良き昭和の時代であれば、大家族で暮らし、そこにはおじいちゃんがいたり、居候《いそうろう》のおじさんがいたりしたことでしょう。自宅に隣接した職場で、父親とその弟子が働くというケースもいまより多かったはずです。地域の商店街では、魚屋さんのおじさんも八百屋《やおや》さんのおじさんも、地元の子供たちのことをもっと知っていたかもしれません。

でも、現代の核家族では、男の子たちは大人の男性をほとんど見ぬまま成長しなければならないのです。

怪獣ごっこやチャンバラごっこをしていれば、危ないからやめなさいと叱られかねません。特撮ヒーローの武器を振り回す子供を見て、暴力的になってしまうのではないかと心配する母親もいます。鉄道や自動車に異常な関心をもつことも、母親からすると理解できないのかもしれません。「このままオタクになっちゃうんじゃないかしら」と心配する母親がたくさんいます。あるいは男の子が喜んで捕まえてきたムシを見て、思わず「気持ち悪い！」と言ってしまうこともあるでしょう。総じて見れば、興味関心の対象や示し方が、やっぱり女の子とは違うようです。

男性からしてみれば、男の子たちの振る舞いは十分に理解できます。自分たちもかつてそうでしたから。しかし女性、特に男性の兄弟がいなかったような女性が男の子の母親になった場合、男の子たちの習性を理解するまでには時間がかかるかもしれません。親が「この子のことが理解できない……」と思っていれば、子供は「僕って変なの？」と思ってしまいます。それでは自信をもった子供にはなかなか育ちません。

喧嘩もコミュニケーション!?

性差よりも個人差が大きいことは言うまでもありません。「男の子だから」とか「女の子だから」という決めつけは好ましくありません。「男の子らしさ」とか「女の子らしさ」という概念も、ジェンダー意識の刷《す》り込みになりかねません。

しかし集団として見た場合、男の子の言動や発達の有りように一定の傾向があろうことは、誰もが感覚的に感じていることでしょう。これを完全に証明することは非常に困難だと思われますが、「やはり」と思わせるエビデンスがないわけではありません。

心理学者のジャネット・レヴァーは、約1年間にわたってアメリカのさまざまな小学校を訪れ、子供たちの遊びを観察しました。すると、男の子は女の子の約20倍喧嘩をしていることがわかりました。そしてさらに驚くことには、喧嘩をした男の子たちは多くの場合、喧嘩をする前よりも親密になったというのです。女の子の場合は逆に、めったに喧嘩をしない代わりに一度喧嘩をすると長期間にわたって悪い感情が続いたそうです。

男の子たちは文化的な圧力によって後天的にこういうコミュニケーションパターンを身に付けているのかもしれません。しかしチンパンジーの研究でも似たような傾向が見られるようです。オスのチンパンジーにとって喧嘩とは相手の様子を知るための関わり合いであり友情に向けての第一歩であるが、メスのチンパンジーはめったに喧嘩をしない代わりに一度やったら絶交状態になってしまうと、アトランタにあるヤーキス霊長類研究センターの霊長類学者フランス・ド・ヴァールが報告しているのです。

小学校高学年で何かが変わる

手荒いスキンシップは幼い男の子が社会性を身に付ける上での必要不可欠なコミュニケーションだったとしても、いまの社会はそれを認めません。

「しっかり言い聞かせてしつけなかったら、とんでもない乱暴者のまま大人になってしまうんじゃないか」と心配になるかもしれませんが、教育関係者のほとんどは、「小学校高学年になるころにはみんなそれなりに落ち着きますから大丈夫ですよ」と口を揃えます。ある教育学博士は、「子供の喧嘩は猫のじゃれ合いと同じ。そのときがくれば自然にやらなくなる」と言っていました。

スイスの著名な心理学者ジャン・ピアジェは、子供たちの思考が11歳くらいで、「具体的操作段階」から「形式的操作段階」に変わるという説を唱《とな》えていました。11歳くらいから、抽象的操作や演繹《えんえき》的な思考が可能になるというのです。

小学生の中学年くらいまでは「りんごがいくつ、みかんがいくつ……」というような具体的な勉強をして、高学年から割合や面積などの抽象的な概念が始まることと一致します。中学生以降は、代数や化学など、目に見えないものを思考の中で操作する勉強ばかりになります。

脳科学の分野においても、やはり10歳前後で脳に何らかの変化が起きている可能性が高いことが指摘されています。

「落ち着く」のはちょうどそのころに重なります。逆に言えば、そのころまでに具体的な経験を十分にしておかないと、あとから同じ経験をしようとしてもなかなか取り返しの付かないことになるかもしれません。

ちなみに、あばれはっちゃくの、喧嘩と並ぶ特技はいたずらでしたよね。喧嘩が社会性を身に付けるプロセスであるならば、いたずらは世の中のしくみを知るための実験ということができます。

モノを壊してみたり、汚してみたり、下品な言葉を使ってみたり……。すべて、「これをやったらどうなるか」という因果関係をデータとして自分にインプットするための行為だととらえることができます。だとすると、いたずらをたくさんした子供のほうが、頭だけでなく身体全体で世の中を理解できるはずだと考えられます。

子供は、特に男の子は、大人が嫌がるトラブルから多くを学ぶ生き物なのです。でも、そのことはあまり知られておらず、幼い男の子の振る舞いは「悪いこと」と抑圧されがちです。それであとになってから「近ごろの男の子は元気がない」だとか「内向きだ」とか「生きる力が弱い」とか言われるのでは、たまったものではありません。

思春期の男の子は1〜2年幼い

思春期にさしかかってようやく少し落ち着いてきたかと思うと、今度は別の問題が生じます。

2006年1月に発売された雑誌「ニューズウィーク」の大特集「男の子たちの問題」は世界中で反響を呼びました。学業において男子が全体的に苦戦しているデータが示され、導かれた論旨は、「1972年に連邦政府が学校における男女の機会均等を法的に定めて、公立学校での男女別学を禁止して以降、男女の発達や志向、得意分野の違いを無視してまったく同じ条件で教育されたことに問題があるのではないか、むしろ女性向けの教育になってしまったのではないか」というものでした。

同誌は、「脳科学ですべてがわかるわけではない」と断わりながらも、「中学校においては、男性の性的な成熟は女性に比べて約2年遅れている」「脳の厚さは女性が11歳で最大になるのに比べ、男性は約18カ月遅れる」「5歳から18歳の男女に情報処理能力のテストをすると、幼稚園では男女の差はないのに、思春期には女性のほうが速くて正確であるという差が生じ、18歳には再び差がなくなる」などの科学的データを示しました。

つまり中高生のうちは、同学年の女の子に比べて男の子たちは1～2年幼い。教室の中で同い歳のお姉さんに囲まれている状態だといえるのです。よくいわれる「女の子のほうがしっかりしていて元気がある」のは当然なのです。

その点、男子校には女子がいないので、男の子の幼さを全開にしても、誰もバカにしません。男子校の最大のメリットは、思春期に思い切りバカをして、たくさん失敗ができることだと私は思っています。

某男子校のある教員は「私は共学で育ちました。初めて男子校の教壇に立ったときは異様な光景に感じました。でも男子校でのびのび成長し巣立っていく生徒たちを見ていると、人生の中で数年間、男の子だけで過ごし、じっくり自己を見つめるモラトリアムがあってもいいのではないかと思うようになりました」と語ります。

考えてみれば、江戸時代までの日本の庶民は、小学校に相当する年齢くらいまでは男女関係なしに寺子屋に通い、思春期に相当するころになると、男の子は「若者組」や「若衆宿」などと呼ばれる年頃の男子ばかりが集まる拠点で男としての修業を積みながら過ごすのが一般的でした。女の子は女の子で、「娘宿」などという拠点で過ごしていました。似たようなしくみは海外でもかつては一般的だったようです。

男女差別的な要素がなかったとは言い切れません。でも男女の発達の違いが科学的に明らかにされてきたことからすると、もしかしたら、思春期に男女を別々の集団にして教育するスタイルには何らかの合理性があるのかもしれません。

共学を原則としていたアメリカでも法改正が行なわれ、２００６年10月から公立の学校でも共学か男女別学かを選択できるようになりました。

男子校・女子校文化は風前の灯火

因果関係は別として、結果として男女別学校の生徒の学力が高い傾向にあることは、日本だけでなく海外でも多数報告されています。

少なくとも日本において、考えられる理由は2つ。1つは、もともと名門校と呼ばれるような学校に男子校・女子校が多いこと。もう1つは男子校・女子校という教育環境に、それぞれの性の能力を引き出す力があること。

戦前まで、小学校を卒業するとその先はすべての学校が原則的に男女別学校でした。戦後、GHQの指導の下《もと》、共学化が進められた経緯があります。ただし、GHQの指導がゆるかった東日本の一部の地域では男女別学校が存続しました。また、私学においてはGHQの指導の対象外だったので、その多くが男女別学を存続しました。自分たちの学校の教育と歴史に誇りをもっている学校は、戦後も男子校・女子校であり続けたのです。そのような学校は、もともと戦前から学力の高い生徒が集まる学校だったのかもしれません。

しかし昨今、男女共同参画社会意識の高まりと、少子化の影響が相まって、共学化する男子校・女子校が増えています。２０１７年度文部科学省の学校基本調査によると、全国の高校の数は４９０７。そのうち男子のみが在籍する学校は１０９校、女子のみいる学校は３０６校しかありません。割合にすると男子校２・２％、女子校６・２％。１９７０年代には、全国の高校の数は約５０００でいまと大きく変わらないのに、男子のみの学校が４５０近く、女子のみの学校が７５０近くあったことを考えると、ともに激減です。

男子校・女子校の卒業生はいまや絶滅危惧種といってもいいでしょう。

アメリカでの男女別学論争

もう１つの理由として、男子校・女子校という環境に、それぞれの性を効率的に伸ばす積極的な要因があるのでしょうか。

この点についてはアメリカで大論争がありました。

男と女は先天的に違うとして、男女別学を強く推進したのが小児科医で心理学者のレナード・サックス博士でした。男女の脳の組織的・機能的な違いから、男女それぞれにとって効果的な学習法は違うと主張しました。

それに「ちょっと待った」をかけたのが神経科学者のリーズ・エリオット博士でした。エリオット博士は、性差があることは認めたうえで、それが脳の構造によって先天的にもたらされるわけではないと主張しました。また「男女別学が優《すぐ》れていること」を決定的に示す証拠は存在しない」として、むやみに男女別学校を推進しない立場を表明しています。

しかし一方で、「いますぐ、男の子のために手を打たなければいけないのは明らか」「学校は男の子にとって以前より過ごしにくい場所になっている。教師や親は男子特有の長所短所を知り、有効とされる教授法を踏まえたうえで指導すべき」「特に、男女が発達期に互いに距離を置き、保護される時期をつくることはよいかもしれないという考えには説得力がある」と訴えているのです。

運動会に見られる男女の違い

俗に「男脳」「女脳」という脳の先天的な構造の違いをことさら強調するのは危険

かなと私自身も考えています。

ただし、男女は平等な存在であり、各種能力については性差よりも個人差が大きいことを前提としたうえで、しかし集団としてみた場合、男の子ばかりの集団と女の子ばかりの集団とではふるまいが違うことが顕著にわかる事例があります。運動会です。

男子校の運動会では例外なく、学年を縦に割ったチームで対抗戦を繰り広げます。中高一貫校であれば、中1から高3が同じチームとなり、先輩が後輩を指導して、勝利を目指します。共学校でも同様であるはずです。

当たり前じゃないかと思うかもしれませんが、女子校の運動会は、学年対抗で競われるケースが少なくないのです。つまり、中1チームと高3チームが綱引きをしたりするのです。成長めまぐるしい時期です。学年が違えば体力も全然違います。勝負は見えています。よほどの番狂わせがない限り、高3が優勝します。

女子校出身でないと、そんな勝負の何が面白いのかと思うかもしれませんが、女子校の生徒たちに聞くと、縦割りのほうが面白くないのだそうです。

もっと互角の勝負にするために、ある女子校で一時期、縦割りの対抗戦にしたことがありました。しかし生徒たちから不満が続出。結局学年対抗に戻したそうです。理由を教員が教えてくれました。運動会において、女子は勝つことに喜びを見出《みいだ》すのではなく、チームの団結力を高めること自体に喜びを見出すからだそうです。また、先輩たちからあれこれ指示されることを嫌うそうです。自分たちのことは自分たちで話し合って決めたい気持ちが強いのです。

このことから導き出せる仮説は、「男子は命令系統によって縦型の組織をつくるのが好きだが、女子は共感によってフラットな組織をつくるのが好き」です。

蛇足になりますが、そう考えると世の夫婦によくある葛藤《かっとう》も説明が付きます。「女性は察《さっ》してほしいと思うが、男ははっきり指示してほしい」。お互いに甘えているわけではなくて、得意なコミュニケーションの方法がそもそも違うかもしれないのです。

いずれにしても、特に発達段階が大きく違う時期に、それを考慮した教育を行なうことにはやはりなんらかの意味があるのではないかと思います。

再生産される男女不平等社会!?

男子も女子もいる中で、男性であることや女性であることにかかわらず、それぞれの個性に応じた教育を受けられることが理想なのかもしれません。しかし、その方法が明確でない場合、男女共学の環境では、むしろ世の中のジェンダー意識がそのまま再生産されてしまう危険性があります。

たとえば男子校の野球部では当然ながら、女子のマネージャーがおにぎりを結んでくれたり、洗濯してくれたりなどということはあり得ません。全部自分たちでやらなければいけません。逆に女子校の文化祭では、重い荷物を運んだり、大道具を組み立てたりということも、男手に頼らず女子のみでやり遂《と》げます。男子校・女子校の中には「男の役割」「女の役割」という性差の概念がないのです。

逆に共学校の教室の中には男女両方がいるからこそ、大人たちの社会の性的役割意識がそのまま入り込んでしまう危険性があります。異性の目を気にすることで、まったくの無意識のうちに「男らしさ」とか「女らしさ」にとらわれてしまうというリスクもあります。共学の教室のほうが、現状の男女不平等社会に自然に適合するという意味で合理的なのかもしれないのです。

これは「共学のパラドクス」だと思います。現実社会が男女共同参画社会になっているのなら、共学校の教室の中でもその価値観の再生産が行なわれるでしょうが、現実社会に性差別が横行しているのだとしたら、共学校の教室は男女共同参画社会を推進するうえで足枷にもなりかねないのです。

実際海外では、男女別学校の出身者のほうが、その後の進路を性別で左右されにくいという研究結果も複数報告されています。

もちろん共学のメリットもあります。男女がお互いの長所を知り、弱点を補《おぎな》い合うことができます。たとえば女子がコツコツ日々の勉強を頑張る姿を見て、瞬発力勝負になりがちな男子も少しはコツコツと勉強する習慣が付くという効果があると考えられます。逆に大学受験直前にものすごい集中力で追い込みをかける男子生徒の様子を見て、女子も追い込みのペースを上げるという効果があると考えられます。

また、女性にとって「産む選択」にはタイムリミットがあります。女子たちは、中高生のうちから現実的に10年後、20年後の自分を思い描いています。そのことが男子校にいるとわかりません。その点、共学校の教室の中では、女子がどんなライフプランを思い描いているのかを、男子も間近《まぢか》でなんとなく感じることができます。逆に言えば、ここは男子校という環境のデメリットであろうと思います。それを補うための教育が遅れていると、私は感じています。

さらに、共学校であっても、男子だけの部活、女子だけの部活など、男女を分けて活動する機会があれば、男女別学校の空気を部分的に経験することはできます。その逆はありません。

男子校も女子校も共学校も選べる自由

結論を言えば、おおかたの子供たちは、男女別学校に行こうが共学校に行こうが大きな差にはならないと私は思います。どちらにも上手く適応し、それぞれの環境で学ぶべきことを学び、どちらの道を通ったとしても最終的には「その人らしく」育つはずだと信じています。しかし中には、共学という環境が合わない男の子、女の子というのもいるのではないでしょうか。男子校という環境でこそ伸びやすい子、女子校という環境でこそ伸びやすい子、共学校という環境でこそ伸びやすい子もいるのではないかと思います。それこそ個人差です。

以上の観点から、現時点での現実的な教育環境としては、男女別学か共学かという議論ではなく、男子校も女子校も共学校も選べる教育の多様性を担保することが大事なのではないかと思っています。

しかし男子校文化も女子校文化も風前の灯火《ともしび》です。これ以上減らせないのではないかというのが私の主張です。男子校・女子校は男女共同参画の趣旨に反するから禁止すべきという主張こそ、教育の多様性を損《そこ》なうことにつながると思います。

そのうえで本書は、男子教育の専門家である男子校の教員に、男の子の育て方・伸ばし方・見守り方のコツを教えてもらおうという企画です。

社会的優位にあるのに男性は不幸!?

小学生のうちは落ち着きがなく粗暴であると思われがちな男の子。中高生のときには同い歳のお姉さんの尻に敷かれがちな男の子。発達段階的にもようやく女子に追いつく18歳で高校を卒業すれば、男女対等になれるのかと思いきや、大人になっても「男はつらいよ」的な状況があります。

男女の社会的境遇格差を表わす有名な指標に「グローバル・ジェンダー・ギャップ指数」があります。健康、教育、政治、経済の分野での各国の男女格差を数値化したものです。「世界経済フォーラム」が毎年ランキングを発表しており、ここ数年、日本はその順位を続落中です（図1、2・35ページ）。健康と教育では男女がほぼ平等ですが、経済と政治の分野では特に差が大きい。

これを見ると、日本が男性優位の社会であることは明らかなのですが、一方で、「世界幸福度調査」によると日本は世界で最も幸福度の男女間格差が大きい国でもあるのです。男性よりも女性のほうが幸福度が高く、その差が世界一なのです（図3・36ページ）。２００５年から２０１０年にかけてこの差が広がりました。

社会的な活躍の場は女性よりも男性に多く用意されているはずなのに、幸せを感じる割合は男性のほうが低い。ねじれ現象です。

２００５年から２０１０年は、「イクメン」という言葉が市民権を得た時期です。

２０１０年の流行語大賞にも選ばれています。これは喜ばしいことではあるのですが、現実的な男性たちの立場からすれば、従来の労働者としての責任に加え、家事や育児の責任も増えたということができます。

図４（37ページ）は独身の男女に、結婚相手に求める条件を聞いた結果です。男女ともに「人柄」が1位です。次に女性が男性に求めるものは、なんと「家事・育児の能力」なのです。しかも96・0％。ほぼ全員です。その次が、ほぼ同率で「経済力」と「仕事への理解」。女性は結婚相手の経済力も重視するけれど、同程度に自分のキャリアにも理解があることを求めているのです。共働きが当たり前となった社会において、このバランスは非常に象徴的です。これからの男性は仕事ができるのは当たり前で、そのうえにパートナーの仕事への理解があって、育児や家事もそつなくこなせなければいけないのです。

そして何より**図４**を一見して気付くのは、男性から女性に求めるものより女性から男性に求めるもののほうが総じて多いことです。棒グラフの面積が明らかに違います。

図1　日本のグローバル・ジェンダー・ギャップ指数の推移

（1に近いほど男女平等）

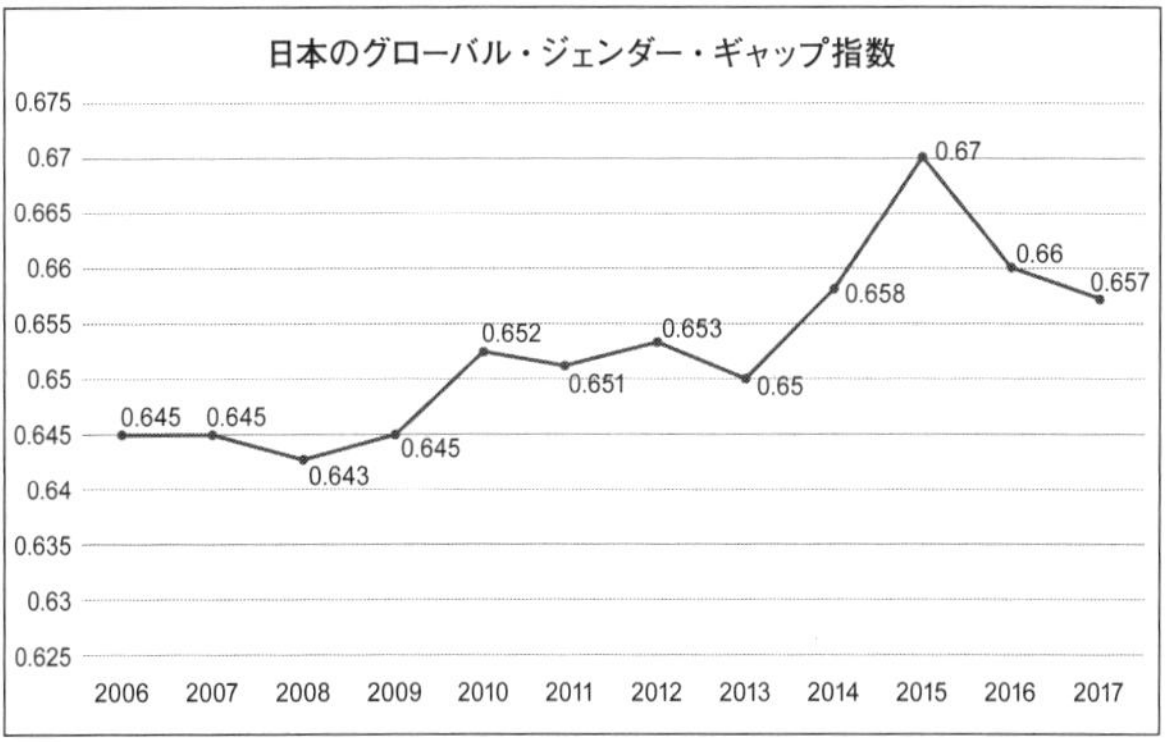

※World Economic Forum のサイトを元に作成

図2　ジェンダー・ギャップ指数（2017）・主な国の順位

順位	国名	値
1	アイスランド	0.878
2	ノルウェー	0.830
3	フィンランド	0.823
4	ルワンダ	0.822
5	スウェーデン	0.816
6	ニカラグア	0.814
7	スロベニア	0.805
8	アイルランド	0.794
9	ニュージーランド	0.791
10	フィリピン	0.790
11	フランス	0.778
12	ドイツ	0.778
15	英国	0.770

順位	国名	値
16	カナダ	0.769
49	アメリカ	0.718
71	ロシア	0.696
82	イタリア	0.692
100	中国	0.674
114	**日本**	**0.657**
118	韓国	0.650

※World Economic Forum のサイトを元に作成

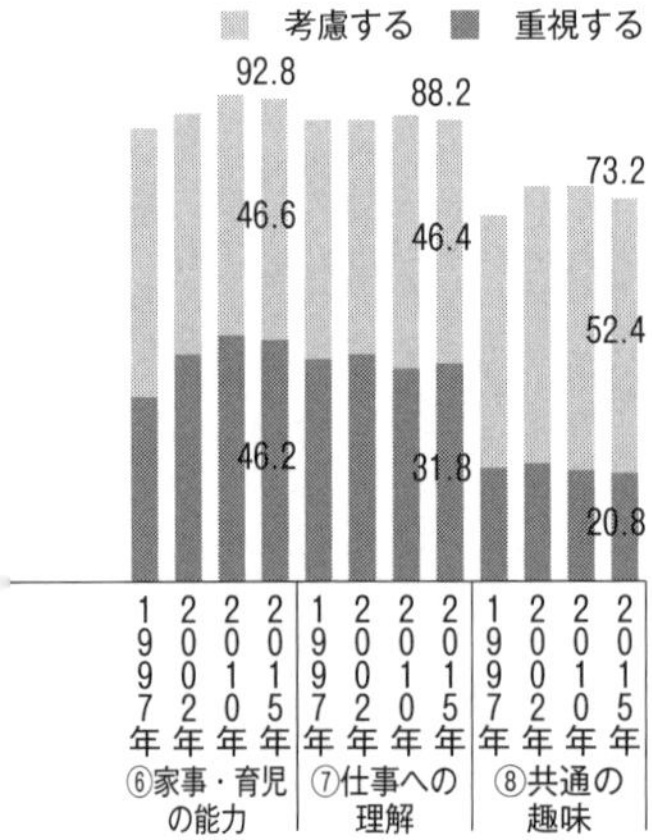

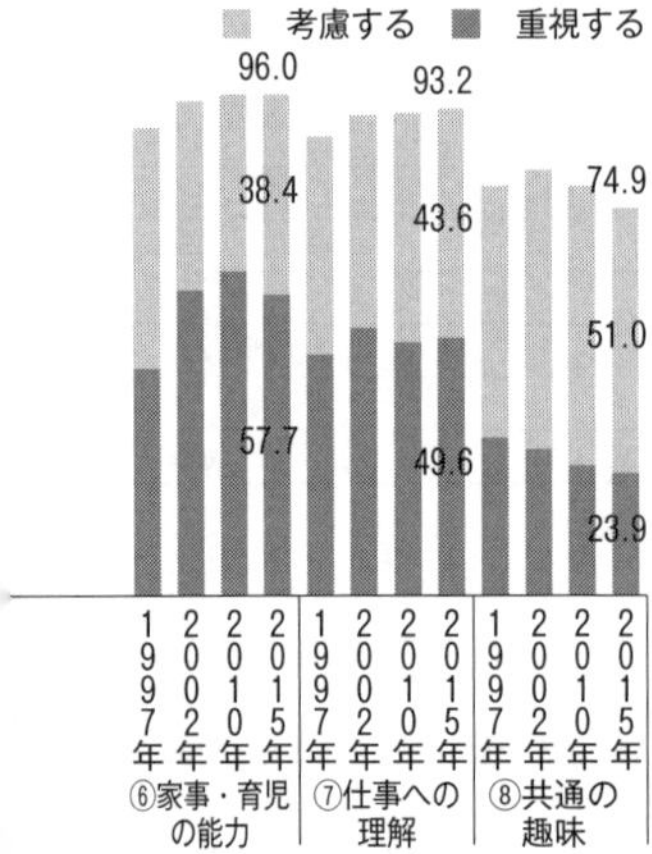

か。それぞれあてはまる番号に○をつけ

る全国調査)」より

図3　男女の幸福度国際比較

幸せだと感じている男性の割合—幸せだと感じている女性の割合
マイナスの数値は女性のほうが幸せであると感じている割合が多いことを表わす

	合計	-0.3%
1	日本	-8.2%
2	ヨルダン	-7.1%
3	パレスチナ	-6.4%
4	リビア	-6.1%
5	ジョージア	-5.9%
6	韓国	-5.2%
7	シンガポール	-4.3%
8	ニュージーランド	-4.1%
9	エジプト	-4.0%
10	アルジェリア	-3.6%
17	中国	-3.0%
18	台湾	-2.8%
29	アメリカ	-0.1%
39	ドイツ	1.6%
56	インド	4.4%

※世界価値観調査(World Values Survey 2010-2014)の「幸福度」調査において、「とても幸せ」と「まあまあ幸せ」と回答した割合を男女別に比較し、男女差を算出した。

図４　結婚相手の条件として考慮・重視する割合

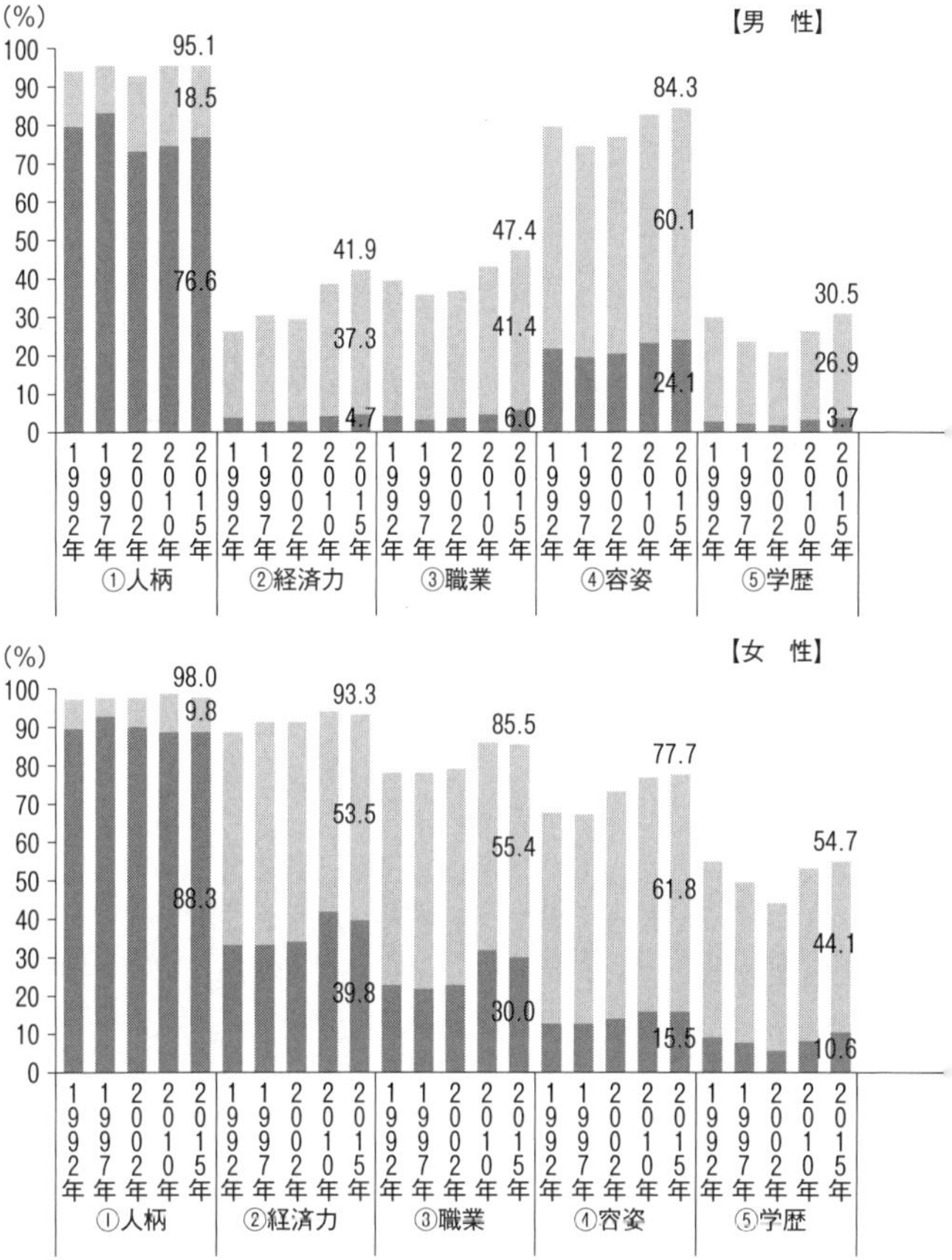

注：対象は「いずれ結婚するつもり」と回答した18～34歳未婚者。
設問「あなたは結婚相手を決めるとき、次の①～⑧の項目について、どの程度重視しますてください。」（1．重視する、2．考慮する、3．あまり関係ない）。
※厚生労働省国立社会保障・人口問題研究所「第15回出生動向基本調査（結婚と出産に関す

「常識」の通用しない子育てへの心構え

結果、いまや男性の4人に1人は結婚ができないといわれています。特に年収が低い男性の未婚率が高い（図5）。男性が一家の稼ぎ頭でなければ格好が悪いという旧来の価値観が、男性の心の中にも女性の心の中にも強く刷り込まれているからです。

残業などしないで早く家に帰ろうと言われるが、業績は落としてはいけないとも言われる。男性ももっと育児や家事をしようと求められるが、仕事ができない男はカッコ悪いとも思われる。これらのダブルバインドメッセージが、家庭でも会社でも男性を追いつめているのです。

逆説的ですが、現実問題としては、いま「男がつらい」わけです。いや、男女それぞれに課題があり、「お互いに大変ですなあ」というほうが正しいのでしょうが。

しかもいま、グローバル化が急速に進んでいます。日本の社会の常識に従っているだけでは生きていけないと、いまの子供たちは脅《おど》されています。さらに子供たちが働き盛りになるころには、人工知能が人間の仕事を奪っているのではないかともいわれています。

図５　年収別の婚姻・交際状況（20代・30代）

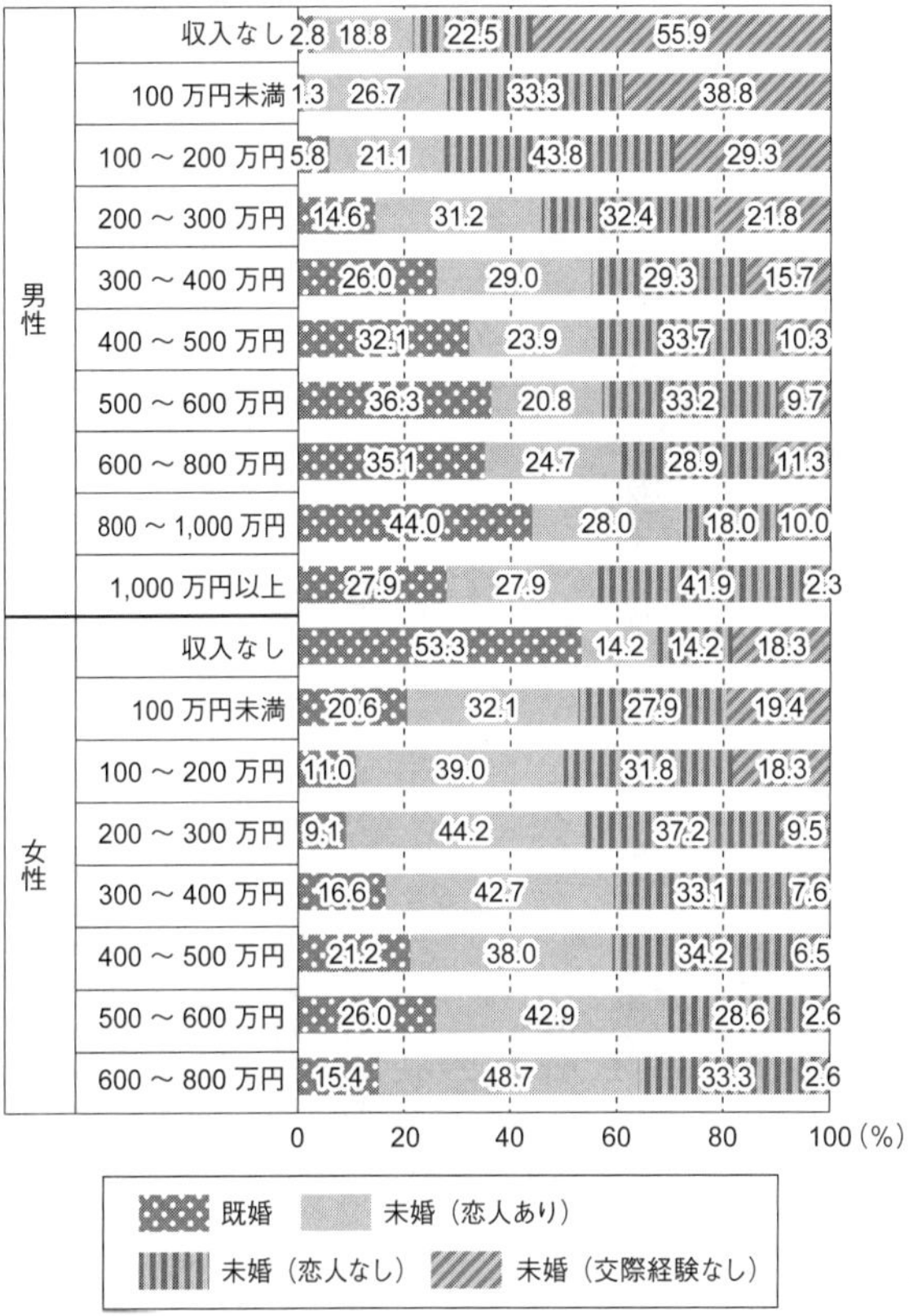

（注）１「既婚」は、結婚3年以内である。
２　女性の収入「800～1,000万円」及び「1,000万円以上」は、それぞれ該当者が11名、3名しかいないため、グラフ中に含めていない。

資料）内閣府「平成22年度結婚・家族形成に関する調査報告書」より国土交通省作成

結論から言ってしまえば、私個人としては、グローバル化の波も人工知能の台頭も、過度に恐れることはないと思います。むしろ過敏に反応することのほうが危険だと思います。

しかし親世代が「常識」だと思って疑っていなかった価値観が、意外と早くに役立たずになる可能性は大いにあります。その意味で、親が自分の成功体験や損得勘定をもとにして子供に「ああしろ」「こうしろ」と教育するのは非常に危険です。先行き不透明な時代には、いい意味で「出たとこ勝負」をするしかないのです。そのための教育をする必要性が高まっています。

このような時代背景の中で、ひとくせもふたくせもある男の子を育てていく親がもつべき心構えを、次章から具体的に聞いていこうと思います。

第2章

あきらめて信じる〈開成式〉

毎日が運動会。運動会が社会の縮図

開成といえば運動会。運動会といえば開成。開成の教育は一にも二にも「開成学園大運動会」に象徴されます。ただし、騎馬戦や棒倒しの荒々《あらあら》しさや応援合戦の迫力というのは運動会当日に見られるクライマックスでしかありません。

その日のために、約1年間、2000人を超える開成健児が地道かつ緻密《ちみつ》な準備を重ねてきたのです。運動会が終わればまたすぐ次の運動会の準備が始まります。すなわち、開成では毎日が運動会。

4月早々の昼休み、弁当を食べている新入生の教室に高3生がなだれ込んできます。事情が飲み込めず、箸《はし》をくわえたままポカンとする新入生に対して、「箸を置け！」といきなり高3生が怒鳴《どな》りつけます。ここから例年「母の日」に開催される運動会まで、昼休みや放課後に、応援歌の練習や競技のための訓練など、高3生による指導が続きます。受験勉強ばかりしてきた男の子たちの野性が呼び覚まされるのです。

ただし、先輩たちが厳しいのは練習をしている最中だけ。運動会の練習を通して、先輩・後輩の固い絆《きずな》が結ばれ、後輩たちは「いつか自分たちも、先輩のようなかっこいい先輩になりたい」と思うようになります。先輩たちも、かつて自分たちが憧れた「かっこいい先輩像」に近づけるようにふるまいます。これが開成で毎年くり返される、開成健児の再生産システムです。

運営側のスタッフとして活躍する者、競技の作戦立案で活躍する者、身体を張ってグラウンドで活躍する者、応援歌の作詞や作曲をする者、アーチと呼ばれる巨大な壁画を描く者……。運動会全体を取り仕切る準備委員を中心として、2000人以上の生徒それぞれに、何らかの役割が割り振られます。

運動会の成功という1つの目標に向かって、各生徒がそれぞれの持ち味を活《い》かして一丸となるのです。その中で、自分にはできないことができる友人を見て、お互いをリスペクトします。組織的でありながら、同時に個が輝くことができることを学ぶのが、開成の運動会なのです。まるで社会の縮図です。

「ペンは剣よりも強し」を意味する校章の「ペン剣」は、1886年に開催された第1回運動会のときに考案されたといわれています。

そのほか、毎年生徒たち自身が企画立案する「学年旅行」、白い褌《ふんどし》を身につけてほぼ1日中海で泳ぎっぱなしの「水泳学校」、約3万人の来場者がある「文化祭」、荒川の河川敷で開催される「開成マラソン」、100回近く開催されている「スキー学校」など、多種多様なイベントが用意されています。

個人の自由と組織力のメリハリが清々《すがすが》しい

創立は1871年。創立の中心人物は、駿河国出身の佐野鼎《さのかなえ》。江戸で砲術を学んだ後、加賀藩に招かれました。1860年の遣米使節、1861年の遣欧使節にも加わった人物です。大政奉還後、一度は新政府に重用されますが、維新の負け組として忸怩《じくじ》たる思いがあったのでしょう。職を辞して「共立学校《きょうりゅう》」を設立します。

しかし佐野はコレラにかかり急逝します。そのピンチを救ったのがのちの内閣総理大臣である高橋是清《たかはしこれきよ》です。幕府の御用絵師の妾《めかけ》の子として生まれ、生後まもなく仙台藩の足軽の家に養子に出されますが出来が良く、横浜にて医師のヘボンに英語を学び、14歳で単身アメリカに渡ります。そこでだまされ奴隷として売り飛ばされてしまいますが、大政奉還の知らせを聞くといてもたってもいられずに、自力で交渉をし、奴隷生活から解放されて帰国しました。

現地で磨いた英語力を武器に、英語教師などをして生計を立てる中、20代半ばで共立学校の校長として白羽の矢が立ったのです。東大予備門受験対策を掲げる教育が評判となり、『坂の上の雲』の秋山真之《あきやまさねゆき》や歌人の正岡子規《まさおかしき》などが通いました。

校名が「開成」になったのは実は高橋が校長を辞したあと、経営難に陥《おちい》り、東京府立に移管された1895年のことでした。語源は『易経《えききょう》』の中にある「開物成務」。ひととしての知性・人間性を開発し、ひとのなすべき責務・事業を成し遂げるという意味です。しかし府立という立場に煩《わずら》わしさを感じ、1901年には再び私立に復帰します。

維新の負け組が創立した学校を、「生きる力」の塊のようなグローバル人間が再興し、いったんは国家組織に組み込まれるも、結局は独立独歩の道を選ぶ。そういうストーリーをもつ学校です。

これまでに何度も開成に足を運び、取材をしていますが、いつも感じることは、教員が、生徒たちを誇りに思い、生徒たちのすばらしさをこれでもかと語ること。教員中心ではなく、生徒中心の学校であることが感じられます。

また、運動会のときには学校全体が一丸となりますが、普段はバラバラ。そのメリハリも見ていて清々しい。

「開物成務」「ペンは剣よりも強し」「質実剛健」「自由」「進取の気性」が開成健児のアイデンティティー。最近の卒業生では、「現代の魔法使い」と呼ばれる落合陽一《おちあいよういち》さんの活躍が目立っています。落合さんは雑誌のインタビューの中で、開成での日常を次のように表現しています。

開成は本当にゆるかったですね。僕が授業に飽きて席でギターを弾《ひ》いているると、先生に当てられても気付かない。そうすると近くのやつが、「あいつは今集中しているので、ほっといてあげてください」って。先生も「そうだよな、そろそろ学園祭だし、練習しなきゃいけないよなぁ」って。

まさにそんな雰囲気の学校です。1982年以降、「東大合格者数ナンバーワン」の地位を35年以上守り続けていることがあまりにも有名なため、日本一のガリ勉学校と思われてしまうこともあるようですが、内実を知るひとと知らないひととで、これほどまでに異なった印象をもたれてしまう学校も珍しいかもしれません。

今回話を聞かせてもらうのは、齊藤幸一《さいとうこういち》先生（化学）と、葛西太郎《かさいたろう》先生（国語）。葛西先生は現在中2の学年主任で開成OBです。ときどき清水哲男《しみずてつお》先生（数学）も発言します。

男子校だからこそ「女性学」をやるべき

おおた　変化の激しい時代といわれていますが、一方で人間の本質は普遍だったりしますよ。何を変えなくちゃいけなくて、何を変えてはいけないのか、判断の難しい時代だと思います。そんな中でいま、開成では、あるいは先生たちは、思春期の男の子たちとかかわり、彼らを導くうえで、どんなところに重きを置いているのでしょうか。

葛西　校長は、最後の一校になっても男子校としてやっていくとよく言っています。

たぶん多くの教員もそう思っています。私は、共学校のほうがあるべき姿なんだろうと感じながらも、開成が男子校である意味はきっと何かあるんだろうなと考えています。女性初の内閣官房長官だった森山真弓《もりやままゆみ》さんがかつて開成祭の講演で、女子校では女の子でもリーダーになってやっていけるんだということを学んだとおっしゃっていましたが、そのままそれを男の子に置き換えることができると思います。男の子でもリーダーになれるという経験が、男子校ではできます。

おおた　男の子でもリーダーができる？　逆説的な意味で？

葛西　逆説的に見えるかもしれませんが、中高時代は女子のほうが発達が早い。精神的にも成長が早い。開成は毎年筑波大附属とボートの交流戦をしていますが、向こうの応援団長はほぼ毎年女性です。開成も共学にしたらそうなるのかなと思います。変化の激しい時代だからこそ、自分で考えて、自分で動いて、失敗したり、成功したり、いろんな経験を積むことが大事だと思います。リーダーシップをとる・とらないも、そこから付随的に生まれてくる問題だと思います。

おおた　付随的に生まれるとは？

葛西　自分が動こうと思えば仲間をつくらなければいけないし、仲間をつくったら誰かがリーダーにならなきゃいけない。6年間という中で、先輩がどういうリーダーシップをとっているかを学び、自分もリーダーになっていく。開成ではいろんな場面でリーダーになるチャンスがあると思います。

おおた　中高生のときには女性のほうが成熟していてリーダーシップを学びやすいという話が先ほどあったかと思うのですが、でも現実には、日本のジェンダー・ギャップは未《いま》だに大きい。この矛盾はなんなんでしょう。

葛西　ジェンダー・ギャップが家庭内で再生産されているのだと思います。どんと放り出しちゃえば、女性のほうがリーダーシップをとる場面はいっぱいあるのに、それをストップしてしまう目に見えない力がどこかで加わる。

おおた　社会的なバイアスがかかっているということですね。

葛西　一方で、これも時代だと思うのですが、教育熱心な父親というのも増えています。両親が揃って教育熱心になり過ぎちゃうと、子供に逃げ場がなくなる。どちらかが教育熱心だったらもう一方が無関心くらいがちょうどいいのにな、というのもあって。矛盾ですかね……。

おおた　矛盾？

葛西　両親の間での役割分担は必要だと思うのですが、旧来の男性像を引きずったままのお父さんが教育熱心になってしまうとあんまり良くないかなと思います。「俺の生き方を見本にせよ」「男のほうが偉いんだ」みたいになってしまって。過渡期なんでしょうかね。

おおた　これからは男性も教育に関わるべきだという価値観と、でも男のほうが偉いんだ、俺の言うとおりにしろという旧来的な価値観とが融合する過渡期であると。

葛西　家庭内での再生産の力は大きいから、本当に男尊女卑的な意識が消えるのはまだ何世代か時間がかかるでしょうね。

おおた　目に見えない力を変えるには、世代が入れ替わるくらいの時間が必要だと。

齊藤　ただ世代が変わるのを待っているだけではなくて、男子校でも「女性学」みたいなものはやるべきだと思いますね。

おおた　それは私もよく訴えていることです。

齊藤　男子校は男同士の環境がいいんですけれど、異性について意識的に学ぶ機会は必要だと思います。

おおた　女性を知るという意味で「女性学」とするのか、自分自身の性を相対化するという意味で「男性学」という入口にするのか、両方あると思いますけれど。共学校ならば、まわりの女の子たちがそういうことを考えているってことを気配だけでも感じられると思うんですよね。でもそういう機会が、ここにはない（笑）。

葛西　そう考えると、共学のほうがあるべき姿なんじゃないかということになる。じゃあいま、男子校が何をすべきかは大事な問題ですよね。

人前で恥をかく快感を教える

おおた　いい大学に行って、いい企業に就職できれば人生安泰という昭和モデルが成り立たなくなって、グローバル化とかいわれている中で、いまの中高生には何を伝えなければいけないと意識していらっしゃいますか？

葛西　それに加えて、少子高齢化、晩婚化、ＡＩ化、それぞれ相当な変化をもたらすでしょう。何にせよ、自分で考えて動けるようになっておかないとならない。結婚に関していえば、男は選ばれる側になっていると思います。それもかなり厳しい目で。そこに対応できる人間力をもたなきゃいけないだろうという意識をもって、生徒に接しています。コミュニケーションのスキルですね。「コミュニケーション能力」という言葉はあまり好きじゃないんですけれど（笑）。

おおた　「コミュニケーション能力」という言葉が好きじゃない理由は何ですか？

葛西　若いひとの間での「コミュ障《しょう》」とか「コミュ力《りょく》」みたいな使い方が好きじゃないからです。私は授業では「言語技術」と呼んでいます。その中には言語外のノンバーバルなコミュニケーションを含めて。

おおた　なるほど。

葛西　大切なのは、言語技術と、失敗できる力と、独創性つまりユニークさですね。ひとがやっていないことは何だろうかとか、芸術性とか、そういったものを身に付けさせなければいけないと思います。これは余談ですけれど、中1で小石川《こいしかわ》中等の生徒たちといっしょに即興劇をつくる体験授業をしたんですよ。まあ女の子はすごいんです。男子校として生き残っていくためにはもっとこういう場面をつくってあげなきゃいけないなと。

おおた　女子生徒といっしょに共同作業していくような？

葛西　そうです。僕たちもかなり練習していって、平気で失敗できるような訓練とかいっぱいしていったからなんとかなったんですけど。

おおた　平気で失敗できるような訓練？

葛西　即興劇の手法の中にある一般的な訓練として、失敗を前向きに喜ぶ訓練というのがあります。絶対に失敗するゲームして、失敗したときには必ず喜ぶと決めておくんです。失敗していないふりとか、してはいけない（笑）。そうやって「よしよし、俺は失敗したんだ。偉いんだ」という雰囲気をつくっていく。うちの子たちなんか、人前で失敗するのを嫌がる子が多いじゃないですか。ずっと優等生できているから。そういう子に、人前で恥をかく快感を教える（笑）。

おおた　さらにユニークさですね。

葛西　たとえば即興劇をみんなの前で演じるとき、どこかで惹《ひ》きつける台詞《せりふ》を言わなきゃつまんないですよね。エモーションを動かすような何かを創造すること自体がユニークさだと思います。

おおた　どんなふうにそこを鍛えればいいんですか？

葛西　これからの時代は、決められた問題を解くのではなくて、これは俺が考えたんだぞということを見せるパフォーマンスが必要になると思います。国語でもよくあるんですけれど、「先生は何を正解だと思っているんだろう」って考えて自分をそこに寄せていくのではなくて、「この答えは絶対誰も書かないだろう」っていうのを自分で見つけていくみたいな。ただおちゃらけていればいいんじゃなくて、そこに何か価値がなければいけないわけです。美しさなり、道徳性なり。

おおた　国語ではそれをしやすいけれど、数学だと難しくないですか？

清水　そうでもないですよ。たとえばうちの学年では、どれだけユニークな問題をつくれるか、課題を与えます。ある程度ゆるい課題を与えておいて、3人1組でレポートを書かせます。リーダーが必要になるし、マネジメントも必要になります。いわゆるベーシックなものを解くというのはもちろんありますが、その先の第2段階、第3

段階として発展させる視点がないと、次に続かないので。決められた問題を解いて終わりなら、本を読んだだけなのと同じじゃないですか。本を読んだからには、そこから自分なりの考えに発展させたり、それを立派な文章として書けるようになってほしい。それが数学だったら、自分で問題が発見できるようになるということです。

おおた　自分で問題が発見できるようになるのが、数学の次の段階……。

葛西　それ、１つのキーワードかもしれないですね。自分で問題や課題が発見できる。それをどう解決していくのか、正解はないけれど、考える。そういう時代ですよね。急激な少子化や人工知能の進化という人類未経験のことを乗り越えなければいけないわけですから。

おおた　変化が激しい時代だからこそ、既存の正解を知るだけでなく、自分で考えて自分で動ける力が必要だということですよね。どういう変化が起こってもそれに対応できる人間を育てなきゃいけないという発想ですよね。

葛西　予測が付かないわけですから、必要になる能力もわからない。変化こそが本質なだけであって……。

おおた　変化こそが本質って、いい表現ですね。

暴言を吐かれても同じ土俵には乗るな

おおた　最近の男の子たちを見ていて感じること、いい面でも危機感でもいいのですけれど、ありますか？

葛西　壁になっている親というのが少なくて、やっぱり友達に近い親子関係が増えています。だから反抗期が少ない。この20年くらいの傾向かなと思います。反抗期にすべきだったことはいったいどこに消えているんだろうというのは気になります。子供も親の言うことをよく聞くので、親がコントロールしやすい面もあります。親もいろいろ学習していますしね、子供を上手に操作する方法を。

おおた　反抗期のときにすべきことがどこかに消えてしまっているというのは社会的な問題ですね。

葛西　かつては大人って壁だったんでしょうね。学校だったり、親だったり。壁に立ち向かってはじき返されるという経験を昔の子供たちはしていたはずです。自分が間違っているとわかっていても、つっぱらざるを得ないような衝動があって。そんな経験の中で、どこかで自分が大人になったことを受け入れる区切りがあったんじゃないでしょうか。

おおた　自分が大人になったことを受け入れる区切りですか。

葛西　開成では中2から高1くらいでそういう壁にぶつかって、高2から高3で指導する側に変わって、それを受け入れるみたいな区切りがあります。車の後ろの座席でブーブー言うのは簡単なんだけど、いざ自分がハンドルを握らなきゃいけない順番が回ってくると緊張するみたいな。そういう経験がなくなっているんじゃないですかね。

おおた　だとすると、思春期の子供の衝動を理解してあげちゃって、その子の意見を尊重しようというよりも、親は親の価値観でピシッと言うことのほうが重要なのでしょうか。

葛西　それがいいか悪いかは、ちょっと判断つきません。

齊藤　うちの場合、中2から高1くらいがギャングエイジと呼ばれていて、そこでやっぱり一度完全燃焼しておかないと、実は上に行ってから大変だったりします。高2で運動会の役員が決まり、これからってときにやっぱり乗り遅れちゃう。

おおた　完全燃焼しないとあとでどんなことが大変なんでしょうか。

齊藤　子供のうちに心の中のモヤモヤを吐き出しておかないと、大人になってからそれが出ちゃったりしますよね。

おおた　そうなんですよね。ときどき「うちは親子が仲良くて、反抗期がなくてすみました」って笑顔で言ってくる保護者がいて、当惑しちゃうことがあります。そのあとが心配なんだけど、言えない（笑）。

清水　開成では、部活や運動会という場で、明らかに自分が見られる立場になるんだという時間的な制約があります。その手前でギャングエイジというものは生じますが、それがいわゆる反抗期で、見られることに対する最大の抵抗というか。反抗期がつくられているなと思います。

齊藤「あ、来たな」というのがうちの教師たちはだいたい見えていて……。

おおた　先生たちは毎年そういう成長を見ているから、「あ、来たな」と思えるわけですけれど、一般的な保護者からすると……。

齊藤　いままでかわいかったのに、急に「おまえが」とかすごい言葉で口答えされて、親は慌てるわけですよ。

葛西　そっちのほうが心配ないですよね。

おおた　当然親は自分の子供の反抗期って、初めて体験するわけですよね。反抗期が来ることは知識としては知っていたり、自分もそうだったよなと冷静に考えればそうなんですが、初めての経験だし、素人《しろうと》だし、そこにどう対処していいのか、うろたえてしまう。ガチで取っ組み合いするのも違うだろうし、完全スルーするのも違うと思うし、そのさじ加減が難しい。先生たちはどういう距離の取り方をするんですか？

葛西　ごまかさないことが大事ですね。話は聞くし、違ってたら違うよって言うし。まあ、すごく根気よく説明する先生もいますし、私なんかはダメなものはダメだから自分で考えなさいと言うタイプです。あるいは本当にこちらが間違っていたら、「悪かった。違ってた」と認めるし。

齊藤　方法論はそれぞれだと思うんですが、逃げないということですよね。

おおた　「ごまかさない」「逃げない」ですね。

齊藤　スルーはダメだよね。

おおた　反抗しながらも結局は子供はかかわりを求めているんでしょうからね。

齊藤　子供なりに発信しているわけですからね。その信号を上手く受け止めてあげないと。受け止め方はひとそれぞれでいいと思いますけれど。

葛西　私なんて黒板にでかでかと悪口が書かれていても「おお、いいぞ、いいぞ」と思っちゃう（笑）。だって、本気で思ってたら書くわけなくて、その悪口を見て私がどういうリアクションをするのかを見たいわけだから。

おおた　親に対しても暴言というのが出てくるわけじゃないですか。「クソババア」とか「死んじまえ」とか。そういうとき親としてはどういう態度でいればいいんでしょうか？

葛西　同じ土俵には立たないほうがいいですよね。向こうも悪いことはわかったうえで言っているんですから。そこで親もパニックになってエスカレートして、家庭内暴力に発展しちゃうというケースもありますが、それでも親の目が覚めれば、子供も目が覚めて、両方成長するんです。

齊藤　思春期特有の、生理的なホルモンバランスのせいもありますから、その時期はしょうがない。

おおた　子供が暴言を吐くときって、大人のリアクションを見ているわけですよね。「そんなこと言っちゃダメでしょ！」と言ったって、そんなことは子供だって最初からわかっています。それよりは、暴言を吐かれたときの手本を見せるべきじゃないかと思うんです。暴言を吐かれても過剰に反応せず、涼しい顔をして自分を失わない大人の姿を見せることのほうが教育的な効果があるんじゃないかと思うのですが。

齊藤　そういう態度がいいと思いますけどね。

おおた　親にそんな口をきいたら、ひっぱたいてでも徹底的にしつけなきゃだめだというひともいますけど……。

葛西　それは結局同じ土俵に乗っちゃうってことでしょう。

経験泥棒にはならないで

齊藤　親はかかわりすぎちゃいけないんだと思います。私は「カーリング親子」っていうんです。子供が進むところを勝手に決めて、その道を進みやすいように掃《は》き清めちゃう。そういうのやめてくださいって、入学ガイダンスのときに保護者には注意します。中学受験の塾ではそれで成功体験になったかもしれないけれど、ずっとそれをやっていたらダメですよね。中1の最初のころ、親子がいる場面で生徒たちに言うのは、「傘が必要かどうかなんて自分で毎朝判断できるようになれよ」って。親はつい「傘持って行きなさい」とか言っちゃうでしょ。

おおた　親に対する警告の意味も大きいわけですね。

齊藤　親も子供といっしょに成長しなくちゃいけません。でも実際は高2くらいまで時間がかかります。急に親として一人前になるのは無理で、仕方ないことです。

葛西　私もまったく同じことを言います。「経験泥棒だけはしないでください」と。

おおた　経験泥棒。

葛西　失敗しそうだなと思っても、取り返しがつかないことでなければそのまま失敗させてくださいと。失敗が経験になるわけですから。命に関わること、後遺症が残るようなこと以外は。でもほとんどできない。「朝、起こさないでください」と言っているんですが、起こしますよね。「なんで起こしてくれないんだよ」と言わせて、「あなたが悪いんでしょ」というのが大事なんですけど。

おおた　親としても、息子の中に自分の居場所を残しておきたいんでしょうね。息子の中に、自分がいなきゃダメな部分を残しておきたいというほとんど本能みたいな無意識があるんでしょうね。

齊藤　時間が過ぎてから「中1のころに言われたけれどできなかったことの意味が、やっとこのごろわかるようになりました」と言う保護者がたくさんいます。

おおた　開成の保護者でもそれくらいゆっくり成長するのだと聞くと、世の保護者はみんな気が楽になるんじゃないでしょうか（笑）。

葛西　中2や中3で手を焼いていても、高2や高3になれば楽になりますよと、保護者にはよく話します。「あと3年もあるの？」と言われますけれど（笑）。

おおた　3年後、4年後が見えている先生からアドバイスがもらえるのは中高一貫校のメリットですよね。

齊藤　高校から来た子は公立の中学校である程度もまれて成長して入っては来るんですけれど、その分、ただちょっとこけちゃったときに症状が重くなる場合がある。中学校の先生たちは中学校を出る段階で完成形を目指したくなっちゃうから、そこに適応し過ぎちゃうと、不完全燃焼のまま高校生になってしまう可能性がある。

葛西　公立中学校ではやや問題児扱いされていたような生徒が、開成では水を得た魚のように生き生きとしているというケースもありますからね。

清水　本当にね。見せてあげたいですよ、彼のことを問題児扱いした中学の先生に、開成に来てからの彼のことを。

葛西　開成に来ると、ある先生は「それ、いいじゃん！」と言うけど、ある先生は「ダメ」と言うような、いい加減なところがあって、それが多様性になっていて、生徒たちにとっては過ごしやすい環境なんだと思います。最初は混乱するけど（笑）。

あきらめが信頼の始まり

おおた　中学受験を経験した親子は、ほとんどの場合、どこかのタイミングで必ずほろ苦い思いをするんですよね。開成に不合格になってほかの学校に行ったり、最初は開成を目指したいと思っていても模試を受けてみたらとても手が届かないとわかって第一希望を変えたり。最初から目指していた学校に希望通りに入れる子供なんて1割くらいしかいないんじゃないかと思います。その点、開成に来るような親子は、ほとんど負け知らずで来るわけじゃないですか。だからこそ気をつけなければいけないこともあるんでしょうかね。

齊藤　開成の中で順位を付けてしまえば、1位からビリまでいるわけです。それで下のほうになっちゃうと、それを受け止められない親が出てきちゃう。それでも、生徒たちが、学校生活の諸活動の中で、自分はここでは誰にも負けないというようなレゾンデートル（存在意義）を見出してくれればいいんです。それが自信となり、学習面にも良い影響を与えることになります。その話を中1の保護者会でするんですけれど、本当に理解するまでには時間がかかるんですよね。

葛西　開成に対する過剰な期待も感じますね。

齊藤　全部やってくれるのだろうと。

葛西　中1の1年間で、いい意味であきらめてもらって、信頼してもらうことが大事です。

齊藤　あきらめが信頼の始まりみたいな（笑）。

おおた　それもいい表現ですね。学校に対してだけでなく、子供に対しても同じことが言えますね。

齊藤　昔は親が学校に来るなんて、子供からしてみたら「恥ずかしい」という感じがあったじゃないですか。でもいまは保護者が学校に来たがりますね。でもうちは授業参観もしませんからね。がっかりされる。

葛西　私は中1の間は親子の距離を少しずつとっていったほうがいいかなと思っています。中2でしっかり子離れしてもらうために、中1の間は親子でいっしょの学年会みたいなことをやりました。食育とか、LGBTの問題とかをテーマにして。いきなり子離れは難しいから。中1の保護者会で、「世界的に見れば、すごく生活能力の低い子供たちですよね」と言ったこともあります。世界に目を向ければ、これくらいの歳で自分で生活費を稼いでいる子はたくさんいます。すごく優秀な一方で、生活能力が著《いちじる》しく低いことを認識してもらいます。そしてさみしいかもしれませんが、18歳で家を出るものだと思って育ててくださいと伝えます。

齊藤　飯が炊《た》けて、具だくさんの味噌汁がつくれれば、海外に行ってもなんとかなりますからね。

スマホやゲームが子供をダメにするわけじゃない

おおた　スマホとかネットの問題について、学校としてはどういうスタンスですか？

葛西　ＳＮＳの怖《こわ》さはだいぶ伝えました。学級日誌に悪口を書くのとは違うんだぞと。あとスマホ依存。依存になっちゃったらカウンセラーに相談します。

齊藤　昔は家まで行ってゲーム機を取り上げたりってこともあったけど、いまは専門家にケアしてもらわないと。

葛西　「中学受験が終わったら好きなだけやってもいいわよ」というのは絶対にやめ

てほしい。あれで依存が始まる子もいるんです。何時から何時までだとか、何時以降はやらないとか、約束を守らせることです。

齊藤　根気が要《い》るけど、戦いですね。今の時代、ナッシングにしちゃうのは無理ですからね。どう折り合いを付けていくかだから。

おおた　そういうものと付き合っていかなきゃいけない前提で、どう折り合いを付けるのか。最初のうちは失敗もする。

齊藤　そういうスキルも必要なんですよ。難しいところですよ。ゲームがきっかけで何かを猛烈に学び始める子供もいますからね。

おおた　いま、スマホが危険だとかネットが危険だとか世の中では言ってますけれど、10年後にはスマホという概念すらおそらくなくなっていますよね。スマホを禁止にしたところで次なるもっとすごいものがきっと現われるわけで、切りがない。だったらいまからスマホを受け入れて、それをコントロールする能力を進化させておくしかないですよね。

齊藤　そういう世界で生きていかなければいけないんだから。決められた範囲で遊ぶとか、そういう能力が今後ますます必要になってくる。学校の授業に支障を来《きた》すような子供にはカウンセリングが必要です。そういう子は、もともとそういう性質をもっているんですよね。スマホやゲームのことに限らず、ほかのことも守れない場合が多いんですよ。

おおた　学校の中でのルールはどうなっているんですか？

葛西　学年ごとに決めています。基本は、放課後まで使わない、昼休みだけＯＫとか。実際は半分以上常にポケットに入れていますけどね。

齊藤　登校したら終礼まで先生が預かる学校もあるみたいですけれど、そういうやり方は開成にはなじまないので。

「知の草原」を走らせる

おおた　それでは開成に入るまでに気をつけてほしいことを伺っていきたいと思うのですが、まず中学受験のための約３年間があります。

葛西　実はその間の実態は、直接的にはあまり知らないんですよね。

おおた　塾のカリキュラムの完成度が上がっていて、その分やればやっただけ強くなるみたいな過当競争が起きているように思います。

清水　そうはいっても、３００人入ってきて、その状態から「自ら学ぶ姿勢」にシフトできない子は10人からせいぜい20人です。２８０人は「自分で学ぶ姿勢」を取り戻しますから大丈夫です。ただおおたさんのおっしゃるとおり、資本投下に若干比例するところはありますね。

葛西　身体を動かす基本動作ができない子は何割かいますね。小学校の低学年のうちにいろいろな遊びをする経験が不足していたのでしょう。

清水　そうすると、いろんな身体の動きを入れた遊具とかでわざわざ遊ばせるんですよね。

おおた　冗談じゃなくて、都心においては失敗や苦労を経験させるためにわざわざお金を払うみたいなところがありますからね。お金を払わなきゃ、苦労も怪我《けが》もできない社会。

清水　開成を「知の草原」としたときに、そこに解き放ったら、「わあ、楽しい！」

と言ってどこまでも走って行っちゃうような子供が欲しいんですよ。そのために、ドリルでは対応できないような入試問題を用意しているつもりです。でも下手すると、その場にたたずんで何かが来るのをずっと待っている子供も世の中にはいる。いわゆるブロイラー状態になっている。これらのことを意識して育ててもらえるかは大きい。開成みたいに自由で、何をやるにしても制限のないところで、山に登ったり木に登ったりできるか、「何もない」って言っちゃうか。

おおた　その違い。ブロイラーにしないように親がとるべきスタンスは……？

葛西　親が自分で知的好奇心をもっていたり、親が楽しくやっているというのは重要でしょうね。

清水　ひとつは単純に、親が自分の読んだ本を何冊子供に勧めたことがあるかって大きいですよね。自分が実際本当に感動して、子供にも読ませたいと思った本がどれだけあるか。

中学受験「カツカツ層」にご用心！

おおた　さっき葛西先生がおっしゃっていた「失敗する力」を身に付けるためには、幼児期からの体験が重要なんじゃないかと思うのですが。

齊藤　さっきからずっと言っているように、先回りしないことですね。見守れないいんだよね。

おおた　子供の失敗を見たくないから。失敗させたらかわいそうみたいな気持ちが直感的には浮かんでくるんでしょうけれど、失敗すること自体が子供にとっては貴重な経験であって、成長のきっかけになるんだと。失敗したときこそ親も喜んじゃえばいいのにと、理屈では言えますけどね。

清水　ステレオタイプ的な意見で言えば、いちばん失敗したくないのは中学受験なんだと思います。そこから逆算してみると、たぶん失敗している時間がない。そういう意味で言うと、知的な体験がリッチで余裕をもって合格するような子供たちは失敗体験も多い。カツカツに勉強してきてギリギリで合格するような子はどこかに無理が生じやすい。自分なりのキャパで、ゆるいところをやっていかないと。6年生の10月の時点で到達したところが身《み》の丈《たけ》の目安なので、それ以上を無理に目指すと、中学受験がいびつなものになっちゃうんじゃないかと思います。

おおた　6年生の10月の時点で最終コーナーにさしかかって、そこから先の数カ月かなり鞭《むち》を入れないと開成に手が届きそうにないぞという場合、無理にお尻を叩かなくていいんじゃないかと、言ってしまってもいいんですかね？

清水　いいと思います。親が鞭を入れる必要はないです。これは本人の問題です。

葛西　お尻を叩かれて精神的にギリギリいっぱいで合格して、それはそれで立派なんですけれど、そこで糸の切れたたこのようになってしまってゲームし放題みたいなのがいわゆる「カツカツ層」ということなんでしょう。中学受験なんてゴールでも何でもなくて、大学受験だってゴールじゃなくて、会社入ったってゴールじゃないんですから。

齊藤　棺桶《かんおけ》に片足突っ込むまで、人生わからないよね。

第3章

失敗を応援する〈灘式〉

偉大なる柔道家の精神を受け継ぐ学校

現在の校舎は2013年に竣工されたまだ新しいものです。しかし戦前からの建物をできるだけ温存する形で改築されたので、ところどころにレトロな趣《おもむき》が残っています。

特に目を引くのは中学の教室に並ぶ無骨な木製の「机椅子」。机と椅子がセットで固定されており、どんな巨漢でもそのスペースに収まらなければいけません。これも戦前から使用されている灘名物のひとつです。灘では学級委員長のことをいまでも「級長」と呼びます。「変える必要のないものは変えない」が灘のポリシーなのです。

時代が大正から昭和に変わるころ、阪神間の人口は急増しました。中学校の数が足りず、当時の神戸一中（現在の神戸高校）の入試は超難関化しました。そこで地域に私立の学校をつくろうという気運が高まり、できたのが灘です。

阪神間といえば江戸時代から酒づくりで有名。豪商と呼ぶにふさわしい酒蔵がいくつかありました。中でも「櫻正宗《さくらまさむね》」で知られる「山邑家《やまむら》」と「菊正宗」で知られる「嘉納家《かのう》」と「白鶴」で有名なもうひとつの「嘉納家」の3つの酒蔵がお金を出すと名乗り出ました。つまり灘とは、酒蔵がつくった学校なのです。

建学の指揮を執《と》ったのが「嘉納家」の分家筋にあたる嘉納治五郎《じごろう》でした。名前に見覚えがあるひとも多いでしょう。「講道館」を開き、近代柔道の祖と呼ばれる人物です。世界を飛び回り柔道の普及に努め、「幻の東京オリンピック」と呼ばれる１９４０年のオリンピック誘致成功の立役者でもありました。

彼の業績はそれだけではありません。１８９３年（明治26年）から約四半世紀にわたって東京高等師範学校（現在の筑波大学で当時の中学校の教員を養成する学校）の校長を務めた人物でもありました。青少年教育のプロだったのです。

治五郎が柔道の修業を通して見出した「精力善用」「自他共栄」がそのまま校是になりました。自らのもてる力を最大限に良いほうへ発揮し、お互いを高め合う精神を意味しています。治五郎本人が揮毫《きごう》した「精力善用」「自他共栄」の８文字が、いまも灘の柔道場に掲げられています。その書の向かいには、歴代の灘柔道部員の名札が並んでいます。よく見ると、その中に「野依良治《のよりりょうじ》」の名前も。ノーベル化学賞受賞の野依博士です。

1968年に、戦後初めて日比谷高校から東大合格者数ナンバーワンの座を奪ったのが、灘でした。その直後、灘にも学園紛争の波が押し寄せます。当時安保闘争や大学紛争の影響を受け、全国の高校で、学校の自由化・民主化を求める運動が盛り上がっていたのです。

灘では、3日間授業を中止して、学校のあるべき姿について徹底的に討論を重ねました。服装や髪型の自由が認められました。罰則を伴う校則はすべて撤廃されました。週1回はホームルームを設け、生徒たちが自由に議論する権利が保障されました。100満点評価だった成績表は10段階評価に改められました。成績順の発表はなくし、分布表を配付するだけになりました。生徒の意思を最大限に尊重する校風が形づくられました。その代わりに「灘校生らしくあれ」が自律の合言葉になりました。

このとき学校側と激しくやりあった生徒側のひとりだったのが、今回お話を聞く教頭の大森秀治《おおもりひではる》先生（国語）です。

灘には6つの学校がある

灘には6つの学校があるといわれています。各学年を担当する教員が基本的に6年間持ち上がりになっており、学年団の裁量が大きいので、学年ごとにカラーが分かれるのです。

1つの学年団が中1から高3の6年間を見届けると、次はまた中1を受けもちます。1冊の文庫本を何年もかけて超スローリーディングする故・橋本武《はしもとたけし》元教諭の『銀の匙《さじ》』の授業が有名ですが、その授業を受けたことのある灘生は実は6分の1しかいないのです。このように、灘という学校の中に6つの校風が存在するのです。

ですから、灘に伝わる東大必勝のカリキュラムだとか、秘伝の教材だとか、一律の何かがあるわけではありません。各教員が時代を見つめ、生徒たちを見つめ、自ら考え、自らの信じる最高の授業をそれぞれに行ないます。それが全体として灘の教育となっています。トップダウンで学校改革をしなくても、毎日少しずつ変化して、常に時代に即した教育が行なわれているのです。でも、「変える必要のないところは変えない」。それが灘の不易流行《ふえきりゅうこう》です。

灘の授業を何度か見学させてもらったことがあります。共通するのは、授業のテンポがとても速いこと。先生たちの口調も早口のように感じます。要点だけを説明して、どんどん先に進みます。普通の学校の授業の1・4倍速くらいで進んでいるイメージ。それくらいに速く進まないと、生徒が退屈してしまうからだそうです。

結果として、たとえば数学については中2の1学期で中学の範囲を一通り終えてしまい、高2の時点で高3用の全国模試を受けて互角に戦える力を身に付けてしまいます。

ただし、受験勉強ばかりしているわけではありません。私が見学した数学の授業では、中2から高2までの4学年が合同で、おりがみを使った幾何に挑戦していました。子供が遊ぶおりがみを使って、古代ギリシャ時代から作図不可能といわれていた難問に挑戦します。みんなで相談しながら作業を進め、次々と難問を撃破していきます。先生の解説を聞いて、教室中がどよめきます。受験勉強でいい点数をとろうというのとはまったく質の異なる学びの躍動感に溢れていました。灘の教育の真髄を見た気がしました。

関西にありながら東大志向が強いのは、おそらく嘉納治五郎が東京高等師範学校出身の教員を多数連れてきたために、東京への親しみみたいなものが戦前からあったからでしょう。灘校生の多くは灘を卒業すると親元を離れ、一人暮らしをすることになります。

女性差別の問題は学んでおくべき

おおた 灘で育ち、灘で何十年と教えてきた大森先生から見て、いま特に意識する世の中の変化は何ですか？

大森 1つは世間でよくいわれるグローバル化に対してどうするか。それから女性の進出。あとは、ネット社会ですね。

おおた その3点はまさに現在の世の中の大きな変化の象徴ですね。特に女性とのかかわりというのは男子校の苦手分野かと思うのですけれど（笑）。

大森 優秀な女性がどんどん世の中で活躍するようになると、これまで男性の仕事だと思われていたところにも女性がどんどん食い込んでくるようになる。そこで自分たちがどうやって役割分担したり、協働したりすべきなのかは、これからは必ず考えなければあかんでしょうね。逆に言えば、優秀な女性から刺激を受けて、さらに自分たちの可能性を伸ばしつつ、意識を変えていかなければあかん。男性の意識をね。そこが大事になってくると思いますね。

おおた　男性の既得権がなくなっていくという流れですね。

大森　中学の間は女の子がいないことによってすごくのびのびしています。小学生の高学年になって、優秀な女子たちに頭が上がらなかったところから天井が晴れたみたいな（笑）。それが思春期に突入して異性を意識し始めると「なんで女の子おれへんのやろ」となるわけで。そうするとけっこうね、自分の都合のいい女性像を思い描きがちになる傾向があります。リアルな女性像が描きにくい。それが難点やなあと。

おおた　都合のいい女性像とか、理想化された女性像というのは、男子校あるあるですね。

大森　そんなん、おれへんやろって（笑）。

おおた　あと男子校出身者によくあるのは、「オレ、男子校だったからずっとカノジョいなくてさ」という台詞。いやいや、君はきっと共学校でもカノジョできなくて、もっと悔《くや》しい思いをしなければいけなかったかもしれないよという（笑）。いずれにしても現実が見えていない。

大森　（笑）

おおた　『ルポ東大女子』という本を書くために東大出身の女性をたくさん取材したのですが、実際東大女子の約7割は東大生同士で結婚していて。そうすると、何が起こるかというと、東大に行っているような優秀な男性というのは、官僚機構であれ、大企業であれ、熾烈《しれつ》な出世競争の世界に入っていく。そんな中、東大女子と結婚した男性は、妻は妻で自己実現しようとしているから、十分なサポートが得られないという葛藤《かっとう》を抱くという構図があってですね。

大森　それはいじましいですよね。

おおた　いじましい？

大森　一方的に女性のサポートを得られないというふうに考えるのが昔風というか、いじましい。お互いにサポートするのが当たり前でしょう。そんなことではそのひとの人生は開けないわな。実際、灘の生徒たちが優秀な女の子と接する貴重な機会が、ちょっとしゃくなんですけれども塾なんですよね。そこでほんまに色恋というんじゃなしに女の子にもほんますげえやつがいるぞというのを知ったりする。性差はあるんでしょうけど、その人の知的な分野、ある種刺激し合う能力を開発するという分野においては、まさしく性を意識しないで対等に、優れた意見をもっているのか、優れた見識をもっているのか、何を発信しているのかという、そこに注目すべきであって。男性だとか、女性だとか、意識すること自体がね、今後、やっぱりそれはあかんやろうと。色恋の部分はまた別。恋の対象になる女性は、ごく特殊なひとであって。

おおた　男子校出身者ってそこで最初失敗するんですよね。

大森　みんな自分に気があるんちゃうかと（笑）。ないやろうと。

おおた　恋愛対象としての異性と、仕事とか社会のメンバーとしての異性は違うということがなかなかわからない。

大森　優れているひとというのは、性別に関係なく優れているんであって。もちろん性から来る特徴はあるのかもしれないけど、それをあえて考えることはやめなあかん。「(女の）くせに」「(女）らしく」を排除する方向にいかないと。

おおた　そういう方向に、年頃の男の子たちの意識をもっていくために、大人はどんなことに気をつければいいんでしょう。

大森　知識の部分では、家庭科とか公民とかの中で、いま問題になっていることに対する知見を広めなければいけないと思います。男子校にいるからこそ、女性差別、女性蔑視の問題は学んでおくべきです。

おおた　男子校だからこそ、異性の目を気にしないで、ひととしてやるべきことをやるという態度を身に付けることもできますしね。

大森　それは男子校のメリットだと思います。女子校の生徒も、男性がいないから好き放題やっていると聞きますが、それがええんちゃうのと思いますね。

親の「子供のために」は、たいがい無駄

おおた　グローバル化という観点ではどうでしょう？

大森　グローバル云々でいえば、英語をどうするかというよりも、自分がよって立つ

ところは何かをきちんと踏まえる必要が高まりますね。

おおた　視野を広げるだけではダメで、自分を深めなきゃいけない。その点、灘生は得意なんじゃないかと思いますが。個性的な生徒たちが他人にお構いなしでそれぞれの得意分野を深めている印象があります。

大森　日本のことを知っていないと、あるいは日本語のことをわかっていないと、海外に行って偉そうにいろんなこと言ったって、底が浅いことがばれてしまう。表面的なことをいっぱい知ってるだけじゃダメですよね。教養をいかに獲得するかということになる。そのためには、身の回りのことであったりとか、日本のことであったりとか、そういうことについてより深く知ることが大事だと思いますけどね。要するに自分がないのに世界がわかるかという話です。

おおた　思春期というのは自分をつくる時期とよくいわれると思いますが、グローバル化の時代だからこそ、中高生のうちは焦って世界を見るんじゃなくて、自分自身を見つめなさいよと。それをいまのうちにやっておかないとあとですぐに限界が来てしまうよと。

大森　本当にそうなんですよ。世界の最先端とかはあとでいいので、まずは自分のルーツであったり、手近なことに関心をもたないと根無し草になっちゃうわけで。世界のトップ企業の役員の話を聞くのも、本当に興味があればいいですけれど、それよりも自分の親や、じいさんやばあさんの話を聞くことが大事だと思いますよ。

おおた　親の立場で気をつけるべきことはなんでしょう？

大森　こう言ってしまうと身も蓋《ふた》もないのですが、子供のためにしなければならないからする努力ってたいがい無駄なんです。

おおた　まさにこの本のテーマの核心に迫るコメントですね。

大森　親は自然に、自分が関心をもっていることを子供たちに見せればいいんです。そういう意味で、親が子供の手本であることは間違いない。子供に「こうなってほしい」と思うなら、親が考えるべきはまず「自分がどうなりたいか」ですよ。自分にないものを、子供にないものねだりしないでほしい。

おおた　異性とのパートナーシップに関しても、グローバル化に関しても、あとで話すネット社会のことに関しても、根本はそこですね。親は自分の理想の姿を実現すればいい。でも子供がそれをまねするかどうかはわからない。ただ言えるのは、子供に「自分らしく生きること」を望むなら、親が自分らしくいればいいということ。

「あんた、こんなことしてないでしょうね」はNG

大森　ネットなんて親の時代にはなかったんですから、手本になれと言ったって難しい。むしろ子どもから学ばなければいけないかもしれません。話題にするくらいは必要かもねというくらい。

おおた　話題にするくらいでいいというのは?

大森　ネットでいろんな事件が起こるじゃないですか。そこで「あんた、こんなことしてないでしょうね」という話題の振り方がいちばんまずいんです。

おおた　ほう?

大森　だって、「あんた、こんなことしてないでしょうね」というのは一種の説教であり、あるいは子供を信用していないというメッセージですから。「なんでこんなふうになっちゃうんだろうね?」とか「あなたはどう思う?」とかいう形で話題を振ってほしい。

おおた　第三者的な視点から。

大森「あなたの同世代のひとたちがなんでこうなっちゃうんだろうね」とか。

おおた　それは面白い伝え方ですね。親は当事者としてつい心配をそのまま子供にぶつけちゃいますからね。

大森「あんた、こんなことしてないでしょうね」と言ったら、「しないよ」で終わりですよね。

おおた　灘でのネットであったりITデバイスのルールはどうなっていますか？

大森　中1の段階では校長自らが啓蒙《けいもう》のための授業をしていますよ。あとは学年ごとに、家庭科だったり、道徳の時間だったり。誰も見ていないと思ったら見ているよとか、ひとの悪口書いたら大変なことになるよとか。

おおた　機器自体はみんな学校に持って来てますよね。

大森　根本ルールは、授業中は使わない、鳴らさない、出ない、それだけですね。スマホやネットが原因のトラブルもあり、学校としてキツく対処することもありますが、そういう失敗が何度かあって、やっぱりそれはまずいよねということが共有されれば、うちの生徒は賢《かしこ》いからちゃんと用心するようになりますね。ネット社会の便利さに溺《おぼ》れてしまうと、それこそとんでもない取り返しのつかない事態になったりする。情報を、容易に手に入れられるし、容易に発信できるけど、そこで多少立ち止まったり踏みとどまったりあるいはそれに対してある程度内省的というかね、そういう態度を身に付けないといけません。

あたふたする時期が来たら幸せと思う

おおた 灘の先生たちが灘の保護者によく伝えていることはどんなことですか？

大森 それはもう、早く子離れしてほしいということですね。

おおた やっぱりそこになりますね。

大森 いつまで子供を自分の思い通りにしようと思ってるのって。ただ、最近の子供たちは優しいんですよね。反抗しないですからね。「反抗期がないんですよ」と自慢げに語る保護者のなんと多いことか。反抗期がないことが自慢になるのかと。

おおた　本当ですよね。

大森　反抗期がなかったら、あとでかえって困りますよ。反抗に値《あたい》しない親もどうかと思いますが。

おおた　両面あるんですよね。子供が優しいのと、親が壁になりきれていない。一方で、ちゃんと子供の話を聞いて、子供の価値観を認めてやってくださいというのもあるじゃないですか。子供をひとりの人格として認めてあげて、対等に話をしましょうと。

大森　だからね、「口を出さずに目を出せ」と言うとんやけど。子離れしろというのは何もほったらかしにしろという意味ではありません。あれこれ口を出して自分の思い通りにしようとするなということですよね。親からしたら好ましくない方向に手を出すかもしれないし、ましてや学問の方向にしたら、親がこうなってほしいと思うのとは違う方向にいくかもしれないけど、それをいちいち「あんたなんでそんなすんの」じゃなしに、「そうか、この子はいまこっち向いてんねんな、関心あんねんな」と見守ってやることが大事だと言ってるんですよね。話をよく聞いてやってくださいというのが有効だとしたら、それは子供が話しかけてきたときであって、いちいち「あれして！」「どうなん？」「こうなん？」は、いらんやろと思いますね。

おおた　反抗期がないというのはどういう状況が考えられるんですかね。

大森　父親と母親がいっしょになってしまっている可能性が高いんです。

おおた　いっしょ？

大森　要するに、子供に対する接し方とあり方が。クラブ活動の試合に、父親と母親が揃って応援に来るとかいっぱいあって。それはそれでいいんやろうけど。昔は父親が壁で、父親と息子の間に母親が入ってという分業が成り立っていたものが、いまではもう父親も母親も子供が何に関心もっていてということに一生懸命になってしまってまるで家族ぐるみでやってしまうという。子供から「何を考えているのかわからへん」と思われるような父親が減りましたよね。それがいいことなのかどうか。いままで言っていたこととちゃうやろと言われるかもしれませんが。そのへんがまた難しい（笑）。性的分業がなくなったほうがいいとするならば、父親も母親も同じように子供に接すべきかもしれないし。

おおた　昔は社会全体として性的分業が明確だったから、父親と母親とでは子供に対する距離感が自然と違った。だから視点も違った。でもいまはふたりとも同じ視点から見てしまう。

大森　だからこそ子供にとっての反抗対象が存在しないのかもしれない。

おおた　反抗期がない場合、どういう形であとから困るんですか？

大森　反抗期がないということは壁にぶつかったことがないということでしょう。でもいつか絶対に壁にぶつかるじゃないですか。そのときにうまく対処できなくなるという心配がありますね。ただ、灘の中では、ある種くそ生意気な時期はあるんですよ（笑）。そこを超えたらすごくいい子になるというのがあって。それがだいたい中2から中3なんですよ。やっぱり一時的にはくそ生意気になる時期が必要なんだろうなと感じます。

おおた　先生たちは毎年そういう変化を見ているから、いまはくそ生意気でも2年後には好青年になっているんだろうなという未来予測ができますが、一般の保護者は初めての子育てで、暴言を吐かれて死ぬほどショックを受けちゃったりするじゃないですか。

大森 あたふたするでしょうが、あたふたする時期が来たら幸せと思う意識が大事でしょうね。その子なりに何かに抗《あらが》っているわけですよね。その抗う対象を親自身が必要以上に与えていたらそれは問題ですけどね。何に抗っているのかは見てやらなあかんと思います。親が子供に対して攻撃的になっているなら、それは親が間違っているということですけれど、そうでなければ、子供がいらついたり悩んだりするのは成長にとって必要なことです。「泰然自若《たいぜんじじゃく》」というか、くそ生意気な時期があったほうが将来楽しみだと思うくらいの余裕が欲しい。

「母を演じる」「父を演じる」

おおた 子供が親に向かって暴言を吐いたときのリアクションのコツってありますか？

大森 コツね……。親子のあり方によっても違うし……。「くそばばあ」とか「死ね」とか言われてそこでニコニコしているのも変ですしねえ。多少血相変えることも必要なんやろうとは思いますけど。生身の感情でぶつかり合うことも必要ですから、「どこがくそばばあなの。あんた親に向かってよくそんなことが言えるね」くらい言っていいし、言うべきだろうと思います。ぜんぶ余裕かましてスルーしていたら、子供からしても真剣に付き合ってもらえていないと感じるでしょう。ただ、子供も本気で言っているわけじゃないと受け止める余裕は欲しいですね。それでいちいち落ち込んでいたら、あなたその歳になるまで人生で何を学んできたのという話です。

おおた　なるほど。

大森　いつも思うんですけどね、子育てとか教育って、どっかで役割分担だったり、役割なんです。「父になる」「母になる」わけです。もっと言えば、「父を演じる」「母を演じる」なんです。だからあんまり共感してしまって、子供と一体になったんでは、父ではないし、母ではないんです。「父となる」「父を演じる」という思いをもってると、「こいつにはいまこう言ってやることが必要なんだから言ってやる」「こいつたちにはいまこういうふうに接することが必要だからそういう形で接する」という役割を果たすことができる。本音のところは彼らの気持ちもわかる。「でもいっしょになって共感してしまったらこの場合いかんのだ」という状況もあるということなんですよ。僕は教師やけど、「教師やからこう言ってるんや」ということがあります。教師でない立場としては、彼らの言いたいことやしたいことは十分わかる。だからといって何でも許されるよというふうには教師としては絶対できない。それと同じだと思うんですね。だから、役割を考えるという余裕があれば、子供目線になりすぎるというのもきっとないはずなんです。

おおた なるほど。

大森 夫婦の間で、直接的に話し合うかどうかは別にして、なんとなくでも、「私はこういうふうな役をするから、あなたはこういう役をして」とか、「僕はこういう役をするから、君はこうして」とか。必ずしも一体じゃなくていいわけですよ。役割を果たすということの、なんというか、思いってのがどこまで熟しているかは問題だと思うんです。

おおた 熟している？

大森 それぞれのひとの中にね。

おおた　それはもう父親、母親の人生経験ですね。憧れの灘に合格できて有頂天《うちょうてん》で入ってきた親御さんたちが親として十分熟しているかというとたぶんそんなことはなくて。灘の中にいる６年間で、保護者も親として成長というか、視野が広がり経験を積むというか。そういう６年間なんだろうと思います。

大森　ここまでずっと親子という視点で話をしてきましたが、実は子供って子供同士で育て合う部分がすごくある。友達の中で１番になることよりも、どれだけ仲間を増やすことができるかが大事。灘では親が、そのことを学べると思います。中１ではまだまだ自分の子供しか見えていない親が多いですが、高３ともなると「この子たち」という視野になる。教師がそうしてくれと頼むわけではないけれど、自然にそうなる文化があります。誰かがうまくいっていないとみんなで心配します。

親の口出しが、子供に回り道を強いる

おおた　学校から保護者に伝えたいことというと、どうしても保護者にとって耳の痛い話に偏《かたよ》りがちになると思うのですが、一方で親御さんたちが胸をなで下ろすことが

できるようなメッセージはないでしょうか。

大森　それはね、「待ち」ですよ。待つこと。焦らない。結論を求めすぎ。待っていれば本当に「この子がこないになったんか！」というときが来る。

おおた　なんで待てないんですかね。

大森　それはやっぱり目先の結果が欲しいからじゃないですか？　長いスパンでものを考えられない。でもこれ、時代のせいですよ。成果主義的な。

おおた　しかも、「待つ」といっても、先生の考えるスパンと保護者の考えるスパンとでは単位が違う気がするんですが。

大森　僕のほうがもっと長いでしょうね。何年か単位ですよね。中1のときはあれやったけど、高校になればもっとちゃんとやるようになるよという見通し。

おおた　でも、3年くらいですか。

大森　いや、もっと長いかもしれませんよ。ひとによるんですよ。

おおた　ですよね。灘にいる間に開眼してくれればいいけれど、待っている間に卒業しちゃったなんてこともあり得ますよね。それが怖いんでしょうね、親としては。

大森　でも卒業してから「この子はこないなった！」ってことは多いですよ。「やっぱりやつらバカじゃなかったんだ！」って思うことがどれだけあるか（笑）。

おおた　でも親としてはせっかく灘に入ったんだからと灘にいる間に何らかの成果を見たいと思って焦る。

大森　逆に急ぎすぎてダメにするケースのほうが多いですからね。

おおた　それ、聞きたいです。

大森　ちょっと成績が落ちたり、ちょっと学校に来なくなったり、ちょっとはみ出したりしても、親が余裕をもってる子たちは割とスムーズに戻ってくるけど、親がやいのやいの言うと、結局子供はより深みにはまってしまうことがあります。小学生のころ、親が息子を思い通りにコントロールして、灘に合格させたまでは良かったけれど、灘でもトップ10に入るだろうと思っていたら現実はそうではなくて。そのプレッシャーに子供が反抗を始めて、それでも親が自分の価値観の枠《わく》に子供をはめようとして、ますます子供は反抗の力を強めるしかなくて。最後は学校だけでも行ってほしいと親が願っても、その望みも断ち切る形で学校をやめてしまうというケースもあります。

おおた　そういうとき、学校としてはどうするんですか？

大森　「ほったらかしにしてても崩れへん」と親にアドバイスすることもあります。ほったらかしにしい。ほったらかしにしたら、子供なんてねじ曲がらへん。だって自分だって生きやすいように生きたいもん。ある時期から子供に任したら、「うちの子こんなになるんやなあ」ということだっていっぱいあるのにね。すぐに結果を求めるより、長いスパンで見て良かったなとなるほうがずっと多いです。

おおた　じっと待っている間は気を揉《も》むんでしょうけれど。

大森　だってバカじゃないと、自分はいつまでこんなことしてるんのやろ、こんなことして何になるんだろうと自省するじゃないですか。そこに親が口出すと、「そんな言わんでもわかってるわ！」と逆に反発を生むだけで。手を出したり口を出したりすることのほうが子供たちにずっと回り道を強《し》いていることに気付かないと。

宿題を「やらなくていい」と言える親になる

おおた　小学生のうちは親がコントロールしようと思ったらできちゃうという話もさきほどありましたが、中学受験期間中に親が肝《きも》に銘《めい》じておくべきことはなんでしょうか。

大森　ぜんぶがぜんぶ塾任せにはしないでほしいなと。塾になんやかんや文句を言えということではなくて、塾の課題というのは基本的に過剰なんですよ。子供が楽しくやっているならいいですけれど、疲れていたり意欲をなくしていたりしたら、塾の課題のなにがしかは「せんでいい」という決断を親がしてもいい。子供たちを鍛えてくれて、うちも塾には感謝していますけれど、塾のやり方が全員に通じるわけじゃない。「できる子たちはこれやってんねんから」と言って、同じようにやらせるけど、それで子供が勉強嫌いになったり、かえって傷ついたり凹《へこ》んだりしたら意味がない。

おおた　無理やりお尻を叩いてでも灘に入れたらそれはそれで素晴らしい教育が待っているのでしょうけれど、一方でそこまで無理しなければ入れないのなら入らなくてもいいんじゃないのと思うところもありまして。

大森　本当は、親が「ようこの子はこんなに勉強するわね」というのが理想なんですよ。子供がすでにアップアップしてるのに「もっと頑張《がんば》れ」というのは、「あんた何のために子供勉強させてんの？」でしょ。子供のことをいちばんよく知ってるのは親なんで、「うちの子には無理です」というのをやっていいんです。「お父さん、塾の先生にそれやっていかなかったら怒られる」と言ったら、「怒られたっていいよ」と言う。味方になってあげればいいんです。それを塾と同じ立場になって、「それは怒られるよね。あんたやらへんからや」と言うから、子供はお父さんにも塾の先生にも怒られることになる。

おおた　もちろん勉強が佳境になれば、子供は「ああしんどいな、でも頑張らなきゃ」という気持ちになりますよね。たいへんそうだと思いながら、そこはあえて見守るというのもあるかもしれませんけど。ほんとにつらくなっちゃったり、傷ついてしまったりしているときに馬車馬のようにやらせる必要はないよねと。でもそこで頑張らせるのが、結局灘に入れた親の手柄である、みたいなのがあるじゃないですか。

大森　そこのさじ加減がね、まさに子供をどう見るかなんやけど。でも、僕は灘に入れた「親の手柄」というのが１人いれば、その何倍か、せんでもいい軋轢《あつれき》がある親子がいっぱいいいると思うんです。

おおた　スポットライトが当たっているのはたまたまうまくいったごく一部の成功例であって、失敗もたくさんある。

大森　塾の勉強と学校の勉強と、切羽《せっぱ》詰まってない段階では絶対塾のほうが楽しいですよ。塾のほうが楽しいという状況をいかに続けるかですよ。子供が主体的にやってるのかやらされてるのかの判断は、親ならできるやろう。

おおた　「しんどいけど、灘あきらめたくないから頑張る」というのと、「もう灘とかわかんないけど、目の前のことやんないと怒られるからやってます」と言って目が死んでるのとの違いですよね。そこで決断をした結果、入試本番で10点足りませんでしたとなったら、それを受け入れられるかどうか。それが試されているということですよね。

大森　子供が行けた学校をベストだという考えを、親がもてるかどうかということなんですよ。偏差値ランキングの上の学校なら良くて、下の学校だと不幸ということはないんですよ。子供にとったらどこに行ったたって唯一の世界なんだから。「灘に行けんかったからもうだめや」「残念、灘に行けてたら」とかいつまでも親が未練たらしく言ってると、子供は「僕が入った学校はつまらん学校なのか」と思うやんね。「よく行けたね、ここでいいのよ」「ここで頑張りなさいね」「お母さん、お父さんもサポートするよ」「ここにもいい友達絶対いっぱいいるから」と言ってあげられるかどうかなんですよ。「ご縁」のあったところがいちばんいい学校なんで。灘に来るだけが、子供にとっての幸せじゃないので。

おおた　私もよく灘や開成について書いてますけど、一方で、その子の力で無理せず受かったところの合格を家族全員で喜んで、その環境をいかに最大限生かすかと考えたほうがいいでしょうというスタンスです。中学受験で1つや2つ不合格くらったところで、グローバル社会で地球の裏側行くかもしれないというのに、たかだか日本のちっちゃい中で偏差値5とか10の違いで何言ってんだという。

大森　おっしゃるとおりです。

おおた　偏差値60以上じゃないと意味がない、灘に落ちたら負けだ、みたいな。そういう価値観で中学受験するのはリスクが大きすぎるからやめてと話をするんですけど、一方で「勝負事なんだから」というのもあるじゃないですか。特に体育会系のお父さんとか、「灘以外ないと思え」みたいな。

大森　灘に来れば必ずうまくいくとも限らないわけで。人生なんてわからないじゃないですか。そういう意味では、おとなが広い視野をもっていないとね。

おおた　受験で第一志望に入り、そこそこ名の通った企業に入り……という生き方しか知らない大人が、それ以外の道を自分の子供が歩み始めたときに、自分の知らない世界だから、怖くてしかたないんでしょうね、きっと。

大森　ありのままを受け入れてあげてほしいよなあ。

おおた　親自身が、自分の人生とか、ありのままの自分というのを受け入れられてないといけなくて。親自身も、その親から言われたとおりに生きてきたりして。よくあるじゃないですか、親に医者になれと言われたから医者になったとか。そういうものだと思っていると、そうじゃない生き方を子供に選択させるのが怖くて怖くて、しょうがないいんだろうなと。僕なんか、こういういい加減な生き方してるから、怖くないんですけど（笑）。

大森　逆もありますよね。自分ができなかったことを子供にさせたいというね。あんたができなかったことを、子供にさせるって、子供は親の復讐戦の材料じゃないよと。

おおた　その役目を、子供が引き受けちゃっている場合もありますよね。それが実現できなそうなとき、親を責めるんじゃなくて自分を責めてしまう。

大森　優しいんだね。

おおた　子供のほうが。

「失敗を恐れるな」と言うなら失敗させろ

大森　人生は失敗しないほうがいいと思いがちだけど、人間は失敗から学ぶんよ。たとえばアニメの世界を目指したいと言って専門学校に行っても厳しい世界だからなかなか思い通りにはいかないかもしれない。でも、自分で選んで「間違ってたな」と本人が思ったらそれはそれでいいわけで。最悪なのはダメとなったときに「だから最初からダメと言ったじゃないの」と言うこと。そこで自分の先見《せんけん》の明《めい》を誇ってどうするの？「失敗を恐れるな」と言うんやったら失敗させろということですよね、わが子にね。

おおた「ほら言ったでしょ！」と言ってしまうことありますね（笑）。

大森「ほら言ったでしょ！」もやってみないとわからへんわけですよ。まあ、親にダメと言われてあきらめるくらいならその程度ということですけど。親がダメだと言ってもやっぱりやりたいんだと言うのなら、やらさなしょうがないでしょう。やってみさせて、応援したらいいんですよ。

おおた　親からしてみたら十中八九失敗するだろうと思っていても、「それなら、やってみなさい」と。

大森　我慢して見守って、失敗したときに「ほら言ったでしょ！」じゃなく、「よう頑張ったね。じゃあ、次どうする？」と手を差し伸べる余裕があったらいいんでしょう。そう言われたら子供はどれだけ救われるか。

おおた　難しい選択をしようとしているときに、その厳しさは伝えていいんですよね。

大森　大変だぞと。大変やけど、あなたがやりたいんだったら応援するよと。

おおた　何かあっても、私たちはここで待っているから、安心してやってみろと。

大森　そう。小さいときからそうです。やりたかったらやっていいんですよ。その余裕というか、ないんです。親の大半は。

おおた　失敗からは当然大きなことが学べるわけですが、その分回り道も大きい。その点、灘に入れたいと思っているような親御さんはおそらく、小さいころから子供に最短距離を進ませようとしがちですよね。

大森　でもなあ。その最短距離だと思っているのが、かえって狭さであったり弱さであったりするのに。失敗をたくさん経験しているひとって、ベースはすごく広いと思いますよ。

おおた　ですね。年をとればとるほどそれをベースにしていろんなことができるようになるはずなんですが、最短距離の狭い道しか通ってこなかったひとは、その延長線上にしか人生が描けなくなってしまいますよね。学力とかテストの点数には必ずしも現われないけれども、経験のベースの大きさみたいなものが、人生後半の味わい方、人生に対する味覚の豊かさにもきっとなるんでしょうしね。

大森　そこなんですよ。だから「急がば廻れ」という言葉もあるし、それこそ「失敗は成功のもと」という言葉もあるので、失敗を恐れすぎるのは間違いなんです。

おおた　どうして失敗を恐れすぎるんですかね？

大森　何か起こるとすぐに「責任」ってなる世の中じゃないですか。それがなおさら……。

おおた　「失敗」と「責任」がセットになっているんですね。

大森　１回失敗したら終わりなんですよ、いまの世の中。会社なんて特にそうでしょう。ちょっと失敗しただけで責任を問う。息苦しい世の中だなあと。

おおた　いつくらいからですかね？

大森　よくわからないけど、バブル崩壊くらいからかな……。

おおた　バブルが崩壊して社会的な状況が厳しくなってきたころから、成果主義とかいろいろ言い出して、社会全体におおらかさがなくなってきた。しかもいまは親子の距離が近くて、目が行き届いてしまう環境だからこそ、意識して「待つんだ、待つんだ」というふうに自分に言い聞かせないといけない。

大森　それなのに、我慢しなさすぎなんですよ。大変なんやけど、わが子のことくらいは我慢しいよ。子供の人生の最後まで親が付き添ってあげるわけにはいかないの。いつまで手を出せるのという話でしょ。入社式に親が出席する時代になってしまったわけで、あんたら、いつ手離すの？

おおた　子供が死ぬまで死ねませんみたいな（笑）。

大森　人間は最終的には一人で生きていくもんやいうのを、もうちょっと考えないと。

幼児期は実体験を通して皮膚感覚を養う

おおた　中学受験が始まる前にやっておいてほしいことって何ですか？

大森　これはもうずっと言い続けているんですけれど、実体験をいっぱいさせてほしいということですね。バーチャルじゃなく。それは親しかできないから。それこそ、土の上を裸足で歩かせるとか、春の季節のこの感覚を味わわせるとか、電車が好きだったらどんどん乗せるのもいいし、動物が好きなら見に行ったり触らせたりするのもいいし。市場なんかに行くといいけれど、なければスーパーでもいい。野菜の名前も魚の名前も知らない子、多いですからね。いまの子供は想像力がないとか、小説を読まないとかよくいうじゃないですか。でも、想像力を発揮するにはベースがいるんですよ。ベースがなければ想像力は出てこないし、想像力がなければ小説を読んでも場面をイメージできません。イメージの元、類推のベースを、いかに小さいときにつくってあげるか。どこに行ったとかいう記憶はどうでもいいんですよ。皮膚感覚ですよ。

おおた　実体験の目的は皮膚感覚。脳みその引き出しにしまっている知識ではなく、五感で感じて身体が記憶していて必要なときに自然に反応してしまう感覚。

大森　小さいときから字を覚えるとか、計算ができるとか、どうでもいいんですよ。すべてのことを体験できるわけじゃないので、実体験なんぼいろいろさせてくださいと言ったって限度があるんだけど。ある程度実体験していると、そこから類推できるんですよ。

おおた　たとえば木。公園にあるケヤキの木、ブナの木、触ったことがある、登ったことがある、臭《にお》いをかいだことがある。ちょっとこすると皮膚から血が出るんだというような体感を伴っている体験と、一方で、図鑑なりあるいはタブレットでこれはブナの木で、ケヤキの木で、イチョウの木でと知識としてもっていることの違い。知識としてもっていることによってもそこからちょっとは類推することはできると思うんですね。でも、類推した先のものに体感が伴っているかどうかは大きな違いになる。

大森　知識からの類推は、大きさとか肌触りとかたぶんわからないと思う。たぶんね、体験を伴ってるほうは、微妙であったり、広かったり、変化とか時間軸が入ってくるし。知識にはなかなか時間が入っていないんですよ。やっぱり、空間的広がり、時間の流れ、におい、変化とか、実体験を伴わないとなかなか身に付かない。同じ木でも、季節によって表情が全然違うし、生物とかでも、それこそ成長があるし、命がなくなったら腐ることもあるし、全然違うと思うんですよね。

おおた　「小説読むときはそうかもしれないけど、そんなのいいんです。うちの子はお医者さんになってくれて、裕福になってくれればいいんです」という親御さんにはどう説明すればいいでしょう？

大森　お医者さんって言いやすいんだけど、いま「死」というものを身近に感じたことのない子たちが、なるやん。痛みとかを感じたことない子が医者になって何ができるのということですよね。あまり大事にされすぎて、つねられた痛みとか、殴られた痛みとかわからないから加減がわからないというじゃないですか。そういうのも含めて実体験ですよね。子供は残酷だというけど、たとえば、虫をつぶしたことがある、殺したことがある子と、虫に触ったこともない、見たこともない子では、命に対する思いが全然違うと思う。

おおた　またこれが、灘の先生が幼児のころにいろんな体験をすることが大事だと言いましたとなると、屋久島《やくしま》や知床《しれとこ》半島に大自然を見に行きましょうとかなりませんか。

大森　そりゃ親が行きたかったら行けばいいんだけども、もっと身近なところでいっぱいあるやろう。道ばたにお花が咲いていたら、名前を知っているかどうかじゃなくて、「お花が咲いてるね。きれいだね」でいいわけですよ。

おおた　その一言ですよね。幼児なんてたいてい半径500メートル圏内で生きているわけですが、その中にも小さな公園があったり、花壇があったりする。

大森　子供は動いているものが大好きですから、虫がいたら「あ、虫さんだ！」と。そのときに「虫なんて触るんじゃありません！」じゃなくて。刺されて腫《は》れたりしたら、その分体験が増えて良かったと思わなきゃ（笑）。

おおた　親が何かしなきゃいけないと思ってする努力はだいたい無駄だとおっしゃいましたけど、ここは頑張れよと。子供が小っちゃくて、常に付き添ってあげなきゃいけない時期に、知識ではなくて、実体験のベースを増やしておくというのは、ここは親は努力してあげないといけないことかもしれないですね。

大森　子供にとったらぜんぶすばらしい、目新しい世界だからね。だからこそ、実体験させてあげてと。

第4章

危険に触れさせる〈麻布式〉

隠れた名物は長時間の職員会議

戦後、新制中高一貫校になって初めて迎え入れた生徒が卒業した1954年から現在まで、東大合格者数ランキングトップ10から一度も外《はず》れたことがない唯一の学校。それなのに、一度も1位になったことがないツメの甘さも麻布らしい。卒業生には日本テレビアナウンサーの桝《ます》太一《たいち》、ジャズピアニストの山下洋輔《やましたようすけ》、元文部科学省事務次官の前川喜平《まえかわきへい》、元内閣総理大臣の橋本龍太郎《はしもとりゅうたろう》や福田康夫《ふくだやすお》などがいます。

校則の代わりに「鉄下駄《てつげた》禁止、麻雀禁止、授業中の出前禁止」の不文律があるのみ。場合によってはこれに「全裸での外出禁止」が加わります。いずれにしても麻布がいかにはっちゃけた学校かを表現するためのネタです。「自由な学校」の代名詞的な存在といっていいでしょう。

しかし私に言わせれば、麻布の教育は、いわば「危険な実験」です。

人類は、「魅力的だが危険なもの」を使いこなしてきました。たとえば「火」。最近では「インターネット」や「原発」というのも、「魅力的だが危険なもの」といっていいでしょう。そして、人類がこれまで手にしたものの中でも最も「魅力的だが危険なもの」の代表が「自由」ではないでしょうか。

でも人類は、「自由」の取り扱い方をいまだ体得していません。世界中で「自由」に基づく「権利」がぶつかり合い、諍《いさか》いが絶えないことがその証拠です。そんな中、麻布とは大胆にも、人類がいまだ使いこなせていない「自由」を使いこなせる人間を育てようとしている学校なのです。

麻布では「自由」を、まず生徒たちに触らせます。初めて包丁を握った子どもを傍《かたわ》らで見ている親のハラハラ・ドキドキ感を想像すれば、それがどれだけ心臓に悪いことであるかがわかるのではないかと思います。そして当然ケガもします。麻布においてときどき起こるトラブルは、「自由」の取り扱い方を間違えたための事故であるといえます。

しかし麻布の真骨頂《しんこっちょう》はそこからです。トラブルを起こした生徒にすぐに手をさしのべるのではなく、自力で立ち上がるのを待つのです。それが「放任主義」と揶揄《やゆ》されることもあります。しかし麻布の教員たちはそれを否定します。さっさと反省文を書かせて、罰を与えてしまったほうが、教員にとっても楽です。でもそうしないのは、生徒自らが気付くまで待つことにこそ教育的価値があると考えているからです。

麻布の隠れた名物に長時間におよぶ職員会議があります。そこで話されていることの多くは、問題を抱えた生徒への対応方針です。生徒の立場に立って、どうすることが本当に本人のためになるのか、教員同士が教育観をぶつけ合い、議論が長時間におよぶのです。校則や罰則規定がないからこそ、毎回議論を尽くします。そこで麻布の教育観が伝承され、常に新しく変化しているのです。

自ら定めた規律に従うときのみ、自由である

創立者の江原素六《えばらそろく》は、江戸の下級武士の子でした。勉学に理解のない父親に育てられ、苦労しながら学問を修め、オランダ語の本まで読んで、西洋式の砲術を学びました。幕臣として戊辰《ぼしん》戦争に参加しますが、新政府軍の銃弾を受けるなど、命からがら沼津《ぬまづ》へ逃げ、水野泡三郎《みずのあわざぶろう》の偽名で潜伏します。維新の負け組になってしまい、すべてが水の泡という意味でしょう。

ほとぼりがさめると、江原素六の名で再び表舞台に現われます。「素六」とは「す

ごろく」のことではないかと私は推測しています。「振り出しに戻る」という意味を込めたのではないでしょうか。

静岡藩で、沼津兵学校を統括する立場となります。英語、フランス語、万国地理、万国史、経済、天文、代数、幾何などを扱い、当時としては国内最高水準の教育が行われていたといわれています。さらに、キリスト教との出会い、そして板垣退助《いたがきたいすけ》との出会いが、江原の人生を方向付けます。キリスト教に改宗し、自由民権運動に関わるようになるのです。

１８９０年の第一回衆議院選挙に当選し、長らく議員であり続けました。１８９５年には経営難に陥ったミッションスクール東洋英和学校の校長を引き受けます。政府の命令によってキリスト教教育が禁じられたため、江原は断腸《だんちょう》の思いで教会とのかかわりを断ち、麻布尋常《じんじょう》中学校として学校を建て直しました。

要するに麻布とは、絵に描いたような維新の負け組がつくった学校なのです。

江原が非常にリベラルな思想の持ち主だったことが、多くのエピソードの中で語られています。生徒指導もリベラルでした。

あるとき、生徒の1人が校舎の2階からゴミを投げ捨てたところ、そこにちょうど江原が通りかかりました。生徒は大目玉を食らうものだと覚悟しました。しかし江原は黙ってゴミを拾い、それを近くのゴミ箱に入れて何も言わずに歩いて行ったのだそうです。その凜《りん》とした姿を見て、ゴミを投げ捨てるなんてバカなことはもうやめようと、生徒たちは心に誓いました。「大人の余裕」が無言のうちに生徒たちを諭《さと》したのです。いまの麻布の生徒指導の姿勢にも通ずるものがあります。

江原が好んだ言葉に「青年即未来」「衣錦尚絅《いきんしょうけい》」があります。「青年即未来」とは、青年たちの潜在能力こそが未来をつくるのであって、大人が子供たちの可能性を摘んでしまったり大人の価値観を押しつけるようなことはしてはいけないという意味です。「衣錦尚絅」とは、才能や徳は見せびらかすものではないという戒めです。

この2つの言葉こそ、江原の信念だったのでしょう。どんな要職に推されてもそれを固辞し、政治の世界では一議員であり続け、教育の世界では死ぬまで麻布の校長として生徒と同じ寮で寝食を共にし続けました。

しかし麻布にも危機がありました。1969年から1971年にかけて、大規模な学園紛争が起きたのです。

当時、高校紛争は全国で起きていました。しかし高校だけでなく中学生までもがロックアウトにより通学できなくなったのは全国でも麻布だけだといわれています。しかもその期間は38日間にもおよびました。学校内に機動隊が突入し、生徒たちと衝突する場面もありました。最終的には生徒たちが勝利します。独裁者としてふるまっていた校長代行を辞任に追い込んだのです。それも全国的に見て珍しい例です。まるでフランス革命です。

このとき麻布の生徒および教職員の中に、「誰かに定められた規律によらず、自ら定めた規律に従うときのみ、自由である」という理念が確立しました。それが今日の自由な校風にもつながっているのです。

今回、本書のために話をしてくれたのは、自らも麻布のＯＢである校長の平秀明《たいらひであき》先生（数学）。学園紛争の後遺症が残る１９７３年の入学です。

「麻布生には世の中に流されるのではなく、流れを変える人になってほしい。信念に生きようとすると必ずぶつかり、多くの人はそこで妥協します。でも必要なときには最後まで信念を貫く強さをもってほしい。おかしいことにはおかしいと言える人間になってほしい」と平先生。

男女共同参画社会のその先を学ぶ

おおた　麻布は戦後ずっと、原則的に高校入試を行なっていません。戦前から一貫して、思春期の男子普通教育を行なってきました。この場合の「普通」とは「凡庸《ぼんよう》」という意味ではなく、職業教育や専門教育ではない普遍的な教育という意味ですよね。普遍的な教育という言葉の中に、時代が変わっても変わらないというニュアンスがすでに含まれていますが、それでもいまの時代だからこそ意識すべきことがあるのでしょうか。

平　人間の成長を昆虫の成長に例えると、幼児から小学生までが幼虫、中高生がさなぎ、大学生以上社会人が成虫といえるでしょう。幼虫期は身体的に成長すること自体が本質。さなぎの時期というのは、じっとしているように見えるけれども内部では激しい変化をしている時期ですよね。第二の誕生といってもいいと思います。そこでは

「自分が一体何者なのか」を考えて、勉強はもちろんですが、人間関係とか、将来の展望なんかも考えたりするわけです。成虫になるとある意味完成しちゃってる。つまり成虫になったら変わらないことが本質なんじゃないかと考えています。

おおた　さなぎの時期をすごす環境としての麻布。

平　さなぎの前期にあたる中学生のころには、「すくすく」ではなく、ぎこちなく成長します。勉強の重圧があったり、仲間や先輩・後輩、先生との関係、それからいろんな自意識が芽生《めば》えてきますよね。自分を客観的に見られるようになる。ひととの比較で言うと、おおむね劣等感を抱きやすい時期ではないかと思います。そして当然、親からの干渉に対して反抗期を迎える時期ですよね。さなぎの後期は高校時代ですが、そこではある意味、人格の完成と将来への展望が生まれる時期ですよね。いままでは与えられる勉強だったけれども、自分の将来の進路とかそういったものを踏まえて大学を選んでそこに入るための勉強をするわけで。勉強に対しても主体性が芽生えてくる。理想と現実の差を感じたり、自信をもったり凹《へこ》んだりもする。その経験を相対化することで、他者を認めることもできるようになる。さらに男子校という環境は、あえて異性のいないところでゆっくり中身を温める役割があるのかなと思います。

おおた　さなぎを温かく守る環境としての男子校。

平　ただ、昔と違って、男女共同参画社会の意識が進んでいるので、将来は結婚して、家庭を築いていくということを、男性も主体的にやっていかなければならない。そういう意識も男子校で養っていかなければと思っています。

おおた　麻布ではだいぶ早い時期から家庭科やダイバーシティ理解の教育に力を入れていましたよね。

平　高1で家庭科の「生活総合」という科目を学びます。バリアフリーの話から調理実習や消費者教育みたいなものまでいろんなことをやります。向かいにある愛育《あいいく》幼稚園に実習に行ったり。夏休みの課題として、家族のための料理づくりを必修にしています。栄養バランスも考慮して献立を考えて、買い物に行って、一汁三菜をつくって、写真を撮って、家族に食べてもらって感想を聞いて、レポートにまとめます。もちろん後片付けも。それに影響されたのか、最近、お料理研究部というクラブができました。お料理甲子園に出場したり、結構真面目にやってます。

おおた　いいですね。

平　女子校の先生たちと話していても、昔は良妻賢母というかお嬢様学校だった女子校が、いまやキャリアウーマンを育てるような教育をしていたりしますよね。今後は共働きが当たり前になっていくでしょうし、育児についても夫婦で対等にやるようになるでしょう。その点では、女子校に通う女子よりも男子校に通う男子の意識はだいぶ遅れているなあと思っています。男子校であっても家庭科的な教育は必要だし、世の中は男性と女性で成り立っているわけだから、そういうライフスタイルも見通して、勉強したり、ひとと関わっていく必要があるだろうと考えています。

おおた　私が新卒で企業に就職したときの同期の女性で、若くして起業したひとがいました。まさに女子校育ちなんですが。私の世代はまさに就職氷河期で、就活では彼女もたくさん痛い目に遭《あ》った。それで、この社会で女性がキャリアを継続しようと思ったら、30歳までに自分で自分の居場所をつくるしかないと、入社式の時点で覚悟を決めていたらしいんですね。それで起業したと。その話をあとから聞いて、入社式当時の自分の未熟さを思い出し、恥ずかしくなりました。女の子たちは10代のうちからそういう現実をしっかり考えていますからね。

平　男はその点ガキだからね（笑）。

おおた　共学校ならなんとなく近くの女子がそんなことを考えている雰囲気を感じることができると思うんです。でも男子校だとそれがないから、そうしたデリカシーがないまま自分のキャリアのことだけを考えていて、下手をするとそれを妻が支えてくれるのを当たり前だと思ってしまっているところがあるじゃないですか。自分の人生を考えるとき、そこに異性のパートナーがいることを前提にするのであれば、相手の人生のことも考える視野も必要だろうと思います。まさに男性も、自分が育休を取るという選択も含めて考えておかなければいけない。

平　制度があっても男性が育休を取るのはまだまだ難しい世の中ですからね。

おおた　どうしても男っぽくないとか、逆に気取ってるとか、揶揄されるところはありますす。でもそこでこそ、麻布生には「なんかいいじゃん！」と言ってあまのじゃくぶりを発揮してもらって男性の新しいライフスタイルを示してほしいなと期待しますけどね。そうじゃないと、これからの男性はモテないですよ（笑）。特に優秀な女性と結婚しようと思うなら。だったら共学にしたほうがいいじゃないという話になりますよね。でもナイーブなさなぎの時期に、あえて異性のいない環境で中身を温める。男の子同士で好き放題、異性がいないからこそ間違ったことも言えて、その中から学ぶことができる。男子校だからこそできる新しい時代のパートナーシップの身に付け方を打ち出せるといいですよね。

平　うちのいいところは、たまに心が女性の生徒がいたりしても、自然にそれを受け入れる雰囲気があるところですよね。単に異性との付き合い方よりも進んでいる部分もある。

おおた　何年か前に、完全に女の子の格好で登校している生徒がいて、それが普通にクラスになじんでいるという話がありましたけど、毎年１人や２人そういうケースがあるということですか。３００人いたら、確率的にはいますからね。

平　去年は卒業式で３人くらいがスカートで卒業証書を受け取っていましたよ。卒業式を象徴的なカミングアウトの場にしたのかもしれません。同級生たちも笑ったりしないで普通に対応していました。

おおた　麻布の卒業式によくあるウケ狙いのパフォーマンスではなくて？

平　ウケ狙いのはもっと別のがいましたね（笑）。

大人の高みから言うのはフェアじゃない

おおた　ほかに、この時代背景の中での子育てで強調しておくべきことはありませんか？

平　細かく言えばいろいろありますが……。毎年中1の時点で親子に言うのは、基本的な生活習慣をきちんと身に付けるということですね。具体的に言えば、「早寝」「早起き」「朝ご飯」。健康な身体が基本ですから。僕の場合はそれに「挨拶《あいさつ》」と「手伝い」を付け加えます。家族との間でも、友達や先生との間でも、挨拶がコミュニケーションの基本になる。手伝いに関しては、猫にエサをやるとか、犬の散歩をするとか、新聞を取ってくるとか、なんでもいい。自分で家族における役割を決める。そういう生活の土台があってこそ、健全な知性や感性が身に付けられるのだと思います。

おおた　麻布なんかに入っちゃうと、親のほうも知性優先になって「テストどうだったの？」となりがちですけど、この優先順位が大事だと。

平　知徳体といいますけれど、知や徳よりも体がその基盤だと思うんですね。そして知と徳は別々じゃなくて、それらを兼ね備えたひとになってほしい。具体的に言えば、真理を探究する心、物事の本質を見極める力、人類社会に貢献する志《こころざし》の3つをもって卒業してほしい。

おおた　18歳の時点でこれを身に付けてほしい。先生が考えた3条件ですね。

平　そう。医者になるんでも官僚になるんでも会社員になるんでも、そういうベースがあればいいなと思っています。

おおた　中1で親にもそういう優先順位を理解してもらいますよと。でも中2・中3になると反抗期みたいなガチャガチャした時期がやってきますよね。先生たちは毎年それを見ているので「ああ、また来たな。そのうち収まるだろう」と見通しが立つと思います。でも保護者にとっては初めての経験。「クソババア」と言われてショックを受けたりするようなタイミングで伝えるアドバイスがあれば教えてください。

平　ひとと比較しないでほしいということですね。みんな成績優秀で入ってくるわけですが、麻布に来るとみんな「上には上がいる」とショックを受けるんです。「数学が天才的なヤツがいるな」とか「先生よりも英語を流暢《りゅうちょう》に話す」とか。あるいはすごく難しそうな本を読んでるとか、鉄道にすごく詳しいとか、ゲームがすごく得意だとか、スポーツがすごくできるとか。ぜんぶを兼ね備えた人間はいないわけだから、ほとんどの子が「あいつには敵《かな》わないな」という劣等感を感じるんです。成績が良くなかったり、テストの成績で赤点を取っちゃったなんていうときは、親が見れば怒りたくなる気持ちもわかる。ただ、中学生になればやっぱり好き嫌いが出てくるからしょうがないと思うんですよね。遊んじゃったという場合もあるだろうし。そういうときに絶対にやっていけないことは、「○○君は英語がすごいんだって」とか「○○君は数学でずっと満点ばっかり」とか言うこと。いまのお母さんたちはそういうのをLINEとかで聞いているから。それを言うことがいちばんいけない。

おおた　ただ聞いたことを言っているだけで、比較する意図はないと、親御さんは思っている場合も多いですよね。

平　励ますつもりが比較になっているという。

おおた　ですよね。親としてはたまたま聞いたことをぼそっと伝えただけなのかもしれないけれど、言われたほうとしては比較されていると感じるわけですよね。

平　自分がいちばん痛切に感じているところを、親からも指摘されたくないという気持ちが強くなる。

おおた　そこのデリカシーですよね。たしかに文字面だけを見れば「○○君はナントカだってよ」って言ってるだけですが、それをコミュニケーションにおいて、受け取る側がどのように受け取るかというと、この多感な男の子が、しかも親という、いちばん言われたくないひとから言われたら、嫌な言葉だということを、ちゃんと理解してあげようよっていう。

平　私自身がそう感じたからね、母親から言われて（笑）。「こっちだって一生懸命やってんだ」という思いもあるだろうし、「これは敵わないな」って、自分の心がいちばん軋《きし》んでるところに親から塩を塗られるような感じで。そういうことをきっかけに反抗期になって、「クソババア」とか言うんだよね。

おおた　同じことを親から言われても、子供自身が親からちゃんと認められているという安心感があれば、友達と比較されても「ああ、あいつはあいつで頑張ってるね」と返答できるかもしれない。でも、「そもそも俺がちゃんと頑張ってるかどうか疑ってるよね」という気持ちの中でそういう言葉を聞くと、なおさらムカつきますよね、きっと。

平　だから親には「子供を信頼してほしい」と言っているんです。

おおた　子供を信頼するというのも、先生たちの中にある意味ってすごく深い意味だと思うんですけど、なかなか親御さんがこの意味を捉《とら》えきれない面もあるじゃないですか。どうやったら子供を信頼するという境地にたどり着けるんですか。

平　自分が大人になっちゃうと、自分が中高生だったころのことを親は忘れてるんです。やっぱり発展途上の時期だから、中高生って。完成の域に達しようともがいているわけだから、うまくいかなかったり失敗することもあるわけで。それを大人の高みから言うのはフェアじゃないんですよね。だから逆に、勉強しないでさぼってても、「勉強しなさい」ってガミガミ言うと、かえって反抗しちゃう。「あなたのことは信頼してるからね」って言ったほうが子供にはグサッと来ますね。本人も「やんなきゃ」って思いますよね。

おおた　でも、ついつい「やんなさい」って言っちゃうんですよね（笑）。それは親の未熟さでもあって。親もこの6年間で成長していくんでしょうから、最初のうちは失敗しちゃうんでしょうけどね。でも、中1・中2のときについつい言っちゃって子供を傷つけてしまっても、これが高校受験があったりすると手遅れかもしれないけど、6年間あるから取り返しがつくし、これが親自身も成長できる時間でもあるんでしょうね。

平　教員もそうだけども、「忍」の一字だよね。「親」という漢字は「木の上に立つ」と書いて「見る」と書くから、生徒と同じ地面にいないわけです。木の上から見下ろしていて、木からパパッと降りて、ビシッと言ったりできないわけです。ちょっと高みのところから見ていることしかできないというのを、「親」という漢字がよく表わしている。「どうせ自分の息子なんだから、親以上にはなかなかならないよ」という、それぐらいの達観をもたないとね（笑）。

生活習慣の乱れは見逃さず指摘する

おおた　「忍」の一字であり、手を出したり口を出したりするのではなく見守ることだというのは、概念的には中1の親御さんでも知っていることじゃないですか。だけど、それができないということはやっぱり「……とはいえ、赤点を取ってるのに黙っていていいのかしら」という不安との葛藤《かっとう》だと思うんです。そこをどういうふうに親としては折り合いを付ければいいのでしょうか。「ダラダラしている」「勉強してなさそうだ」「実際に赤点を取っちゃった」という、もしくは、「生活のリズムがちょっと崩れてきた」というとき、「……とはいえ、介入しなければいけない」という場面はどのタイミングで判断すればいいのか。何かアドバイスはありますか？

平　生活のリズムが崩れてきた場合は正さないといけないですよね。

おおた　生活習慣の乱れに関してはビシッと伝えると。

平　はい。でもあとは、「馬を水場に連れていくことはできても、水を飲ませることはできない」のことわざと同じです。どんなに教師や親がそういう環境を整えても、勉強はするにしても、本当に主体的にやるのかというと、それは自分がやる気になったときなんですよ。だから「いかにやる気を生み出すか」ということが、むしろ学校の先生の役割であるとも思うんです。「あっ、数学って面白い！」って思ったら、親や教師が止めようが、中学高校を飛び越して大学の勉強もするかもしれない。だから、教師というものは、ティーチングよりコーチングというのかな。「勉強はこんなに楽しいんだぞ」ということを伝える役割なのかなと思いますね。

おおた　でもなかなかスイッチが入らないと親は気を揉《も》む。

平　ひとによってそのタイミングに遅い早いがあるだけです。女の子だと、どちらかというと、コツコツまじめにやるので、成績が時間とともに連続的に伸びていく感じですけど、男の子の場合はスイッチが入ったときに一気に成長していくところがあるからそれをじっと待つ。

おおた　そうはいっても、たとえば成績低下というのを見て、どこまで黙っていていいのかというのが、保護者たちにとっていちばんの悩みだと思うんですけど、目安はありますか。

平　中学の低学年の間は、数学と英語はやはりさぼってるとあとあと響いてくるから、そこは無理矢理飲ませるしかないかもしれないですね。本人が嫌だと言っても、水を飲ませるしかない。

おおた　ある程度は無理矢理でもやらせるしかないのですね。その「ある程度」がまたご家庭によって違うのかなと思うのですけれど、学校のスタンスはどのレベルなんですか？　赤点を取っていなければ細かいことは言わない？

平　最近は赤点でなくても結構補習とかやってますね。

おおた　赤点まで行っちゃうとかなりまずい危険水域だと。

平　保護者からの要望もあって、教員も早めの対応をせざるを得ない部分もありますね。

おおた　旧来の日本の教育は、いかにわが子を勝ち組にするかという視点が強かったように思います。競争社会を勝ち抜いていくためには、みたいな。でもこれからの時代を生き抜くために必要な力は多種多様すぎて、1人ですべてを身に付けることはできません。個人がどんなに能力を高めたって1人で戦い抜くことはできなくて、集団知というか集団力というか、自分が何かをもっていることは前提ですが、自分がもっていない能力をもっているひとたちとコラボレーションしてひとつのチームになれる能力が大切になってくるだろうと思います。いまの保護者はわが子を1番にすることばかりでなく、集団の中でのわが子という視点をもてているんですかね。

平　いまの親御さんは、成績とか友達関係でも、子供以上に悩んでしまうというか、過保護になってますよね。はっきり言って男の子なんて、元気で楽しく生きていればそれでいいじゃないかと思うんですけど（笑）。「できたら現役で大学に行ってほしい」とか「できればT大学」「できれば医学部」とか、そういうのを背負わされちゃうと子供も大変だろうなと。

おおた　親本人としては「そんなに理想を押し付けているつもりはない」と言いながら、かなり高い「理想」を「当たり前」のものと思って求めてますよね。「そんなに簡単にできることではないと思いますよ」という目標をスタンダードだと思っている親御さんも多いですからね。

平　子供は敏感だから、親が言わなくても「こうなってほしいんだろうな」っていうのは微妙に感じます。まして両親が医者だったりしたら無言の圧力だよね。

おおた　そこに罪はないんだけど、どうしようもないですよね。

平　やっぱり子供は親の所有物ではない。子供には子供の人生がある。たとえ自分の子供であっても、親のコントロールで動かしてはいけないし、子供は子供の判断なり将来設計があるわけだから。助言したり指導したりすることはあるかもしれないけど、自分のコントロール下に置くのは間違いです。

おおた　私なんかは、会社を辞めちゃったりとか、大学も途中で変えたりとか、割と変な決断をしてきて、「それでも何とかなるわ」という思いがあるから、ちょっとこんな一歩引いたことを本音で言えてしまったりするんですけど、世の中一般には、頑張っていい大学に入って、いい企業に入って、その中で多少理不尽を突きつけられても、「まあ、でもそれに耐えるのが大人だから」という感じで生きていくじゃないですか。そういう生き方しか知らないと、子供にもそれを求めてしまうというか、それ以外の生き方を子供がしようとしたときに、やっぱり不安で不安でしょうがないんでしょうね。だけど、子供は子供で、親とは違う個性や能力をもっていて、親のマネをしていれば安心かっていえばそんなことはないはずで。

平　時代も違うし、将来もますます自分が生きた時代とは違ってきますからね。

スマホとナイフは本質的に同じ

おおた　スマホとかネットについて、麻布はどういうスタンスですか？

平　禁止はしてないので持ち込みはできますけど、さすがに授業中は使ったりすると没収します。教員の立場から言えば、やっぱり友達関係が見えづらくなる。特に中学校の低学年だと、ある1人の子を叩いちゃったりとか、ネットの中で。それはリアルタイムにはわからないので、ちょっとタチが悪い。

おおた　学校としてはそこが問題ですよね。

平　禁止している学校はあるけれども、将来は必ず使うことになるツールだから、やっぱり使いこなすことは大事なのかなと思います。ナイフを与えてるのと同じ。ナイフは、鉛筆を削《けず》ったり果実の皮を剥《む》いたりとか、そういう便利な反面、ひとを殺すこともできる。スマホだってコミュニケーションのツールとして便利だけど、使い方を誤まれば人間を社会的に抹殺することもできるわけですよね。ナイフを渡すのと同じくらいの気持ちで渡してくれないと困るということです。

おおた　ナイフを与えるというのは、麻布の教育そのものじゃないですか。危険だからといって触らせないのではなくて、そこを乗り越える人間になってもらわないと困ると。

平　いま、ナイフ自体を使える子は少ないけどね。中1の生活科学でリンゴの皮むきからやらせてる（笑）。ちょっと危惧《きぐ》するのは、いまの子供たちはフロー情報に慣れてしまっていて、終わったら何も残らないのが当たり前になっている。ネットの影響だと思います。断片的な情報だけが止めどなく流れていくからいちいちそれを自分の中に取り込もうというモチベーションが働かない。テレビを見るならバラエティばかりでなくニュースや特集を見てほしいし、やっぱり印刷された活字は読んでほしい。麻布の国語の先生は「漫画でもいい」と言いますよ。漫画の中に活字があって、ストーリーや世界観が練り込まれていますから。

おおた　この仕事をしていてそこは痛切に感じるところです。1つのまとまった思想が練り込まれた文章を読む機会が、大人でも極端に減っているのではないでしょうか。ネット上で、ただ事実を切り取っただけのその場限りの文章を読むことに慣れてしまっている。それでいうと気になっているのは、大学入試改革でいま議論されている「共通テスト」の国語です。あれって本当に「読解力」なんでしょうかね。思想が練り込まれた文章ではなくて、電化製品の取扱説明書を読むときみたいに、どこにどんな情報があるかを探す能力を見ているだけのような気がします。あれが読解力だとされてしまったら、日本人の読解力は崩壊するのではないでしょうか。

平　たしかにそうなってますよね。文学作品を味わうという意味合いではなくなっている。

おおた　論述文でも、思想家がすごく抽象度の高いことを、たとえ話を多用しながら論理展開していくとか、なんかそういう立体的な文章の読み方ができなくなるんじゃないかってことに危機感を覚えます。

平　いま新聞を取ってない理由として「ネットのニュースを読めばわかるから」ということもあります。でも、新聞にはやはり社説とか論壇みたいなものがあって、そこには主張があって、それに従えというわけではなく、自分の考えと照らしながら読むということに意味があったのに。そこが忘れられていますよね。

おおた　情報をこの視点で見るのと、あの視点で見るのというのではたぶん見え方が違うわけです。ところが、ファクトの情報だけが流れていて、視点を変えるチャンスがすごく減っちゃっている気がします。

平　高校教育の到達点というのは、いわゆる朝日とか毎日とか読売とか、そういう全国紙の1面から、政治面、社会面、文化面、スポーツ面、経済面、全部をそれなりに読解できて、つまるところ自分なりの批判ができるようになること。原子力の問題だって、科学の視点からも経済の視点からも環境の視点からも感情的な観点からも理解できなきゃいけない。そういうような読み方ができれば、高校の教育としては1つの成果といえるかなと思うんです。

おおた　新聞を一通り読解できるというのは、おそらく多くの大人が「そうあってほしいな」と考えていると思うんですけど、そこから先に、自分なりの批判ができるというところって、わりと意識されてない。与えられた情報を読み取ることばかりが求められていて、そこから先にあるべき「批判」の重要性が社会的な意味で軽視されているように感じるんです。「批判＝足を引っ張ること」みたいに思われかねない。でも本来「批判」って、弱点を補強するプロセスですからね。その点でいうと、新聞を読むだけでなくて、そこから批判的な意見をもつ力までを、麻布生には期待したい。

平　読解力以前の知識の部分で唖然《あぜん》とすることも多いですけれどね。

おおた　中学生の３分の１が教科書レベルの文章を読解できないという話もありますしね。それで言ったら大人だって怪《あや》しいですよ。３分の１ではすまないかもしれない（笑）。

自然に親しむ、ひとと関わる、遊ぶ

おおた　それでは、幼虫の時期に気をつけるべきことをうかがってもいいですか？

平　大切なのは身体をつくること、そして知識よりも感性を磨くこと。そのために必要なことが３つあります。自然に親しむこと、ひとと関わること、遊ぶことです。自然に親しむのは、たとえば生き物と触れ合うとか、海や山に行ったり、星や月や太陽を見たりとか、そういうこと。生き物は犬や猫でもいいし、昆虫でもいいし、花でもいい。そういう具体物にたくさん触れることが大切です。ひとと関わるというのは、これもいま、一人っ子なのはしょうがないかもしれないけど、そしたらいろんな友達とか、親類が集まる機会を多くしたりとか、そうした具体的な人間関係をたくさん知るということが大事。私が小さいときは祖父がすぐ近くで零細企業をやっていて、地方から出てきた若い職人さんたちが仕事帰りにうちに風呂に入りに来たりしていた。そういういろんな関係があると、麻布の中学入試の国語には有利かもしれない(笑)。それから、遊ぶ。ビデオとかを観《み》るんじゃなくて、体を動かして遊ぶということ。

おおた　「自然に親しむこと、ひとと関わること、遊ぶこと」の3つはたしかに大切だと思います。特に幼児期に大切だというのはなぜでしょう?

平　私たちみたいに40代、50代になると、1年というのは、人生の中の最後のほうに2%くらい付け加えているだけなんですよ。だけど、5歳の子が1年過ごすとそれまでの20%分が加算されるということですよね。大人みたいに、人間関係で悩むこともないから、本当に新鮮で、ダイレクトにそういう体験が入ってくる。だから、感じたままの素直な気持ちが育《はぐく》まれると思う。

おおた　自然に親しむこともひとと関わることも、自分以外のものとのふれあいですよね。そして遊ぶことはありのままの自分自身を知ること。そういう体験をたくさん積んでおくと、自分を知り世界を知る上での土台になるということですね。

平　子供と大人でいうと、いろんな部分が違うんだよね。子供は興味関心、大人は利害得失。子供は好き嫌い、大人は義理とか義務。子供は身体性、大人は精神性。子供は具体的、大人は抽象的。子供は話す聞く、大人は読む書く。子供は遊ぶ、大人は学ぶ。子供は自分中心に世の中が回ってると思ってるけど、大人は社会との関係で回るっていう感じかな。

おおた　いまの話で言うと、子供から大人になるにしたがって、単純から複雑系になっていたりとか、具体的から抽象的になっていたりとかというふうに、物事の構造の次元が変わっていくというか、そこに違いがあるということだと思うんですけど。さきほどの３要素は、結局のところ、大人になってからは、自然とかひととの付き合いとか遊びというものが、もっと複雑で高次な形になっていくので、その原体験として、シンプルな状況でこの3要素をたくさん経験するということが大事なのだと理解しました。

平　あとで抽象化されるけど、その前に具体的な体験をいっぱい積むということです。麻布生なんか、幼虫期に抑圧されている子が多いと思う。だから麻布に入ってから、幼児のときにやっていなかった水鉄砲遊びとか、なんかくだらない遊びをやって喜んでるんじゃないかな。あれは、小さいときにできなかったことをいま取り返してるんだなと思って。またそれが麻布だからできるんですけど（笑）。

おおた　そうそう！　それが麻布生の微笑《ほほえ》ましい痛々しさ。外から見るとはっちゃけて見えるんでしょうけれど。

平　一昨年だったかな。学校の事務室にいきなりアマゾンから荷物が来て、高3のヤツが注文してたみたいなんだけど、空気で膨らますプール。それを中庭に広げて、水を溜《た》めて、高3がバシャバシャやって遊んでるのを、中1がビックリして見てた（笑）。

おおた　ウケる。

勉強が好きでなければ中学受験しなくていい

平　小学校に入ったら、規則正しい生活をして楽しく過ごすこと。特に中学年くらいまでは、自然や社会への好奇心、ひととのつながりを大切にしながら、自分のやりたいことや好きなことを見つけるといい。少年野球をやるのでもいいし、いろんな電車に乗るのでもいい、何でもいい。

おおた　ただ、いまの親御さんたちは、中学受験から逆算して最短距離を進もうとするじゃないですか。そこへのアドバイスってないですかね？

平　家族で旅行して、いろんな風景を見たり、その土地の名産品を食べたり、関東と関西では鳴いているセミの種類が違うことに気付いたり。月の満ち欠けや天の川を見てみたり、そういう体験があれば、中学受験の勉強も身に付きやすいと思います。そのために体験するというのもちょっと違うと思うのだけど。

おおた　さっきの３要素と同じように、経験があってから勉強するほうが入りやすいということですね。いきなり抽象的な文字情報を入れようとしても、それはつらいよねと。実体験がないままにテキストの情報だけというのは、考えてみるとすごいですね。ぜんぶ想像の世界で理解しろと言っているようなものですからね。

平　そういう体験があると、「図鑑を買ってほしい」とか知識欲が出てくるわけです。そう言われたら買ってあげればいいんです。そしたら、自分で時間があるときに眺めてたりするので。いろんなことに関心をもたせれば間口が広がる。たとえばボールの感覚なんて、大人になってからじゃなかなか付かないと思うんですよ。ボールを投げて、壁に当たって、それから動き出したんじゃ捕《と》れないから、投げて、どれぐらいの角度に行ったら、どれぐらいのスピードでこっちに行かないと捕れないとか。小さいころに身に付けた感覚じゃないと、大人になってからではとても無理だと思う。

おおた　火遊びだったり、ナイフだったり、高い所だったり、危険なことって、いまの親御さんたちは寄せ付けないじゃないですか。怖がる。マッチで火傷《やけど》しようものなら、ナイフで怪我をしようものなら、というふうになっている。でも、そこにすごく大事な原体験というか学びがあって、それこそ小さいときにしか得られないものがあるはずですが、そこをどうしても回避してしまう安全志向のようなものがある。それがのちのち、しっぺ返しとして、スマホであったりネットであったり、抽象的な次元での危険との距離感の取り方がうまくできないことにつながるんじゃないかなという気もしています。逆に言うと、小さいころから火遊びとかナイフとかで痛い目に遭《あ》っていると、スマホを持たせたときにもそれなりにうまく立ち回れるような気がするんですけど、どうでしょう？

平　昔は子供のまわりに危険なものがたくさんありましたよね。そういうので遊ぶ。

おおた　私の時代にはまだ火薬で遊ぶって、ありましたよ。

平　いまはああいうの絶滅しましたね。昔は空き地で三角ベースをしていましたけど、いまは大人の管理下でないと野球もできない。ちょっとかわいそうですね。

おおた　たしかに怪我をしないとか喧嘩にならないとか、そのときの安全は担保されるわけですけど、それって問題の先送りというか、何か大きなものを学び損《そこ》ねている気がするんですよね。それでは、中学受験勉強が本格化してきたときに気をつけるべきことは？

平　あまり勉強しすぎて健康を損ねたら元も子もないし、あと、受験生だからといって特別扱いするのも良くない。むしろ小学生で進学塾に通えるというのはまだ少数派だし、「自分は恵まれているんだなあ」という意識をもってほしいですね。

おおた　子供がそこに気付くために、親は何ができるのでしょうか？

平　基本的には親が中学受験を決めると思うんだけども、文化祭が楽しそうだからでもいいいし、ああいうクラブに入りたいでも何でもいいんだけど、その子の中で「自分は中学を受ける」という動機をつくってあげるということですね。

おおた　でも実際は、「なんでこんなに勉強しなきゃいけないんだ」と思うときもたくさんあるわけじゃないですか。

平　小学生の全員が全員、勉強が好きなわけじゃない。中学受験してそういう学校に入るというのは、そういう勉強に耐えられる子を学校が欲しているわけだから、まず勉強が好きでなければ受験しなくていいんです。大前提で言ってしまえばね。公立の中学に進んで、高校から受験する手だってあるわけだし。いい大学に行けばいい人生が待ってるわけでもないし。本当にやりたいことがあれば、高校を卒業してから専門学校に行く手だってあるんだし。いい中学に行って、いい高校に行って、いい大学に行って、いい会社に行く、あるいは、自己実現するというのは1つの方向だけども、必ずしもそうじゃない進路もいっぱいあるよということは、親もちょっと一歩引いて構えてていいんじゃないかなという気もしますね。

おおた　高校生の段階で「俺は寿司職人になりたいんだ」と言って専門学校に行くんだったら、それはそれでかっこいいなと、私なんかは思っちゃうんですけど、世の中の親は止めるんですかね。たしかにそっちのほうが厳しい道でもありますからね、職人になろうというのはね。それは十分に説明したうえでなんでしょうけども。

平　うちの生徒なんか見ていると、「勉強が好きな子が多いなあ」とは思うけど、世の中的に見たら、勉強が好きな子ってあんまりいないと思うんだよね。だから、みんながそういう学校の偏差値の序列で順番を付けられるのは本当におかしいと思うんですよね。子供の貧困なんかも問題になっているから、そういうのを解決するようなひとになってほしいよね、麻布から出たら。知性をフルに発揮してね。そうでなければいったい何のための知性なのかと。

第5章

愛し方を変える〈東大寺式〉

仏教校だけど、茶髪もいるし、ピアスもいる

奈良の大仏で有名なあの東大寺の学校です。1926年、東大寺の境内で始まった夜間学校がその起源。仕事のために十分な教育が受けられない青少年たちに学ぶ場を提供するのが目的でした。1963年に東大寺学園として中高一貫教育が始まり、1986年まではまさにあの東大寺の境内にありました。

2017年の大学入試では、東大26名、京大66名、国公立大医学部54名（京大医学部8名を含む）の実績を出しています。1学年の人数は約220名ですから、約3分の2が東大・京大・国公立大医学部のいずれかに進学していることになります。浪人する場合を含めての計算ですが。

これほどまでの進学校になったきっかけは1987年から1988年、東大と京大を両方受験できるしくみになったとき、東大合格者数でトップ10入りを果たしたことでした。それまで関西では有名な私立中高一貫校でしたが、そのときに全国区で名前が知られるようになったのです。

近鉄線「高の原」駅から徒歩約20分。住宅街を抜けた丘の上に東大寺学園はありま

す。中年が歩くとちょっとしんどい距離ですが、中高生たちにとってはいい運動でしょう。学校に到着するとまわりに見えるのは青空のみ。まるで天空の学校です。

仏教校ではありますが、厳格さとは無縁の校風。制服はないし、頭髪規制もありません。茶髪にしている生徒もいるし、ピアスを開ける生徒もときどきいます。災害時に走って避難できる格好であればいいというのが一応の服装の目安です。

また超進学校ではありますが、普段の授業で特段受験を意識させることはありません。ただし定期テストの前には部活の先輩が後輩に勉強を教えるという微笑ましいしきたりがあります。

生徒の「自由」を最大限尊重したい

東大寺では行事も修学旅行もすべて生徒たちが取り仕切ります。とにかく教員は生徒のやることに口を出さない。生徒たちを信じ、思う存分好き勝手にやらせてみる。それによって生徒は自分の潜在能力を発揮しはじめ、自分の殻《から》を破ることができる。それが東大寺流の男の子の育て方です。

ホームページには3つの教育目標が掲《かか》げられています。1基礎学力の重視、2進取的気力の育成、3豊かな人間性の形成。しかしその下にこんな文言《もんごん》が付け加えられています。

この三つの教育目標の中では「自由」ということばを用いてはいないが、個性や自主性、しなやかな感性を育む上で、「自由」という教育環境は不可欠であると考えている。したがって本学園では、不合理なもので生徒を縛りつけるようなことはない。一方的に生徒に従順さを強要することもない。生徒の「自由」を最大限尊重したいと考えている。そして、この良き伝統を、今後も大切に守っていきたいと考えている。生徒が「自由」を享受し、互いに切磋琢磨しながら自らの可能性を追求することを、切に願っている。

最大限の自由が保障されているのは生徒だけではありません。教員にも自由が保障され、それぞれにユニークな授業を行なっています。

ある教員は次のように言います。

「生徒に任せるということは、あらゆるトラブルを想定し、ハラハラドキドキしながら見守るということ。ときには臨機応変《りんきおうへん》なフォローも必要です」

教員が決めてしまえればそのほうが学校運営はずっと楽です。それでも生徒たちに任せるのは、生徒たち自身が自分の限界に挑戦し達成感を味わうことが成長につながると信じているからです。生徒たちの自由を確保するために、教員たちはあえて大きな負荷を引き受けているのです。

生徒たちのハチャメチャに十分に付き合うためには、教員たちの心の余裕が不可欠です。そのために、東大寺の教員は約9割が専任で、しかも担当授業数を少なめに設定しています。世間では教員のブラック労働が話題になっていますが、ここ東大寺では、生徒たちの成長のために、教員の負担をできるだけ少なくしているのです。

今回インタビューに答えてくれたのは、生徒指導部長の沖浦徹二《おきうらてつじ》先生（社会）と、同校OBの榊野数馬《さかきのかずま》先生（社会）です。

教頭の本郷泰弘《ほんごうやすひろ》先生が、ジーンズ姿で現われた沖浦先生を紹介してくれました。

「生徒指導部長が率先してラフな格好で現われる。これが東大寺ですね（笑）」
本書に協力してくれた5校は、いずれも似たような感じですが。

大人こそ、失敗を恐れてはいけない

おおた　榊野先生は東大寺の生徒時代、文化祭の実行委員長をされたんですよね。当時の自分たちとの比較も含めて、いまの子供たちを見ていて感じることはどんなことでしょうか。

榊野　東大寺は自由な学校といわれますが、昔は生徒たちが勝手に自分で自分の好きなことを表現して、それを先生たちが「好きにやらせてあげよう」という感じで見守ってくれていたように思います。それに比べると、いまの子供たちはこちらから少し与えてあげないと、自分たちからこうしたいとかああしたいとか、こんなものをやってみたいとかいう意見がなかなか出てこないようになっている気はします。世の中における理想の男性像が変化していますから、そういうのがうちの生徒たちにも影響をおよぼしているのかもしれません。

おおた　そもそも「こうあるべき」という男性像が、昔とは違っていて、いまの世の中が求める自己主張の控えめな男性像に、生徒たちの振る舞いが寄っていっているということですね。そう説明されるとそれ自体は時代に即した変化なのかなと思いますが、その一方で、自発性が弱まっているのではないかと。

榊野　最低限、自分たちで物事を考える、その線だけは守らせたいと思っています。

沖浦　たとえばうちでは文化祭がいちばん大きな行事で、高２が中心になって運営されます。昔は教員が絡んでいくと「俺たちの文化祭なんやから、好きにさせろや！」みたいに突っぱねるところがありました。私がここに来た22年前はものすごくそういう雰囲気が漂っていました。ところが、いまは、できない。「好きにやれや」と言うと「先生、どうしたらいいの？」と聞いてくる。

おおた　へぇー。

沖浦　彼らには先生の誘導だと思わせないようにして、うまく引き出してやらないといけなくなっています。

おおた　それは他校でも聞く傾向ですね。

沖浦　中学受験させるような家庭のお子さんですから、最初から本人が「受験したい」と言うはずもないので、親がリードするのが当たり前になってしまっているんでしょう。勉強だけじゃなくて、遊びも、友達関係も、お金の使い方も、生活全般に親が先回りしてしまっているところはあるんじゃないでしょうか。

おおた　ある意味、大人の言うことを聞く「いい子」なわけじゃないですか。でも、いまの先生方のニュアンスだと、「ちょっとさみしいよね」と感じているわけですよね。東大寺に来るまでにそういう振る舞いのクセみたいなものを多くの子が身に付けてしまっている。でも東大寺の教育観や人間観からすると、そのままではいけないと。「好きにやれや」と言われて、「よし、やってやろう！」と思えるひとになってほしいわけですよね。

榊野　失敗したくないという気持ちが、いまの子供たちには強いのかもしれません。僕らにしてみたら、中学生や高校生のやることですから失敗して当然ですし、その中で学ぶべきことがいっぱいあるんですが、やっぱり、きれいに終わりたいとか、きれいに仕上げたいという気持ちが強いので、こぢんまりしてしまうのかなとは思います。

沖浦　生徒だけじゃなくて、若い先生たちにもそんな傾向はありますからね。

榊野　昔の先生は悪く言えばハチャメチャでした。生徒に失敗させてナンボみたいなところがありました。でも逆に、生徒との距離は近くて、「いっしょに遊ぼう」みたいな雰囲気がありました。僕も当時、登山など、先生にいろいろなところに連れて行ってもらったりしました。同じ目線で楽しめるところまで先生が降りてきてくれていたんでしょうね。でもいまの世代の若い先生たちは、まず自分たちが失敗したくないというか、安全志向なんですね。生徒に対して踏み込みが足りないような気がするんです。だとしたら生徒も同じような感覚で育ってしまうと思います。

おおた　失敗を過度に恐れる雰囲気が世の中に充満していますよね。

沖浦　それは、ありますよね。

おおた　失敗すると、今度はすぐ責任問題になる世の中なので、責任を取りたくないから最初から挑戦しないという負のインセンティブが働くというのが、大人社会の中にもありますね。親の立場からすると、子育てを失敗したくないという気持ちから、安全志向の子育てになりがちだという理屈は成り立つかもしれません。

親が見ていないところで子は違う姿を見せる

沖浦　子供は絶対失敗するもんだし、失敗から成長してくれて、6年間っていうスパンで子供を育てるつもりでわれわれはいます。実際、失敗もありますよ。だから失敗したときに学校と同じ方向を向いて子供に向かってくださいねっていう話は、中1の最初の保護者会で生徒指導部長としてはします。

おおた　学校と同じ方向？

沖浦　失敗したらその子を守りに入ったり、必要以上に先生よりガーッと言って子供を潰《つぶ》してしまったりとかじゃなくて、その失敗した経験をもとにその子が一歩成長してくれたらいいじゃないっていう。なかなか親としてはそう思えないとは思うんですけど。

おおた　男の子だから女の子だからって話でもなくなってきているとは思うんですけど、男の子のほうがこの時代は単純で、かつ失敗から学ぶしかないってところありますよね。でも親からしてみると初めての子育てで、失敗したくないってこともあると思うし、子供にも失敗してほしくないって無意識のうちに思ってるから手を差し出しちゃうんだと思うんですよね。それが失敗っていう経験を奪ってしまう。そこに対しての親御さんへのアドバイスはありますか？

榊野　親が見てないところで子供が違う姿を見せるのが当たり前です。親御さんからしてみれば中学に入っての早い段階でトラブルがあると、「うちの子はそんな子じゃないんです」って、そりゃ親の前では子供はみんな「いい子」でいたいというのが当たり前にあって、それ自体は否定する気はないんです。悪さしても「どんな子でもそれはするんです」っていう言い方をして、それは理解しといてもらいたいなっていうことは言うんです。でもどうしても「うちの子はそんな子じゃなかったはずや」となる。気持ちとしてはわかるんですけど、全面に押し出されてしまうと指導が本人に入っていかなくなるんで、そういう一面もってて当たり前なんだよと普段から思っててもらえたら随分違うかなって思うんです。

おおた　トラブルがあっても、それが本質的にその子を否定することにもならないし、そこから学んでくれればいいやって、学校としてはおおらかな気持ちでいるんだけれども、親のほうが「育て方間違えた」っていうレッテル貼られちゃうんじゃないかという恐怖心を勝手に抱いてしまうのかもしれませんね。

沖浦　とりわけ中1の親は〝子供が〟怒られてるんじゃなくて、〝私が〟怒られてるように感じるみたい（笑）。

おおた　親同士のトラブルもありますか？

沖浦　今回はいじめられてたけど、次はいじめる側になることだって実際あるんですよ。被害者のときにあんまりガーッと言わないほうがいいんじゃないって僕らは思うんですけど。でもガーって行きはるから、立場が逆になったときどうするんかな？って。やっぱり6年間ってスパンで見ればいじめられるときもあるし、いじめるときもあるし、喧嘩で被害者になるときもあるし加害者になるときだってあるんだから。結局学校を信頼して、担任らと同じ歩みをしていきましょうよって。私たちはそういう経験値をもちながら子供らと接してるんです。が、なかなか理解はしてもらえない……。

榊野　最初に「うちの学校にだってトラブルはありますよ」って話をすると、「え、そんなのあるんですか⁉」って驚かれるんですよ。普通に生きてて人間同士の関《かか》わりなんでね、それはいいじゃないですかって思うんですけど、最初にびっくりしはるんは僕には違和感があって。当たり前やと思うんですけど。

おおた　そういう親御さんはどういう世界で生きてきたんでしょうね。

沖浦　でも世間のひともそう思ってはるんです。電話で苦情とかあって「オマエんとこ勉強ばっかり教えとったらええと思っとるんか！」って（笑）。どっちかというと、勉強以外のことを一生懸命教えてる学校なんだけどなって僕は思うんですけど、世間の目もそうなんだなと。

スマホに頼らないコミュニケーションを

おおた　親の教育熱心さが当然子供の学力を伸ばす面はあるわけですが、一方で自発性を奪ってしまっているかもしれない。そういう状態にあるお子さんを預かって、どうやって東大寺生らしく育てていくのでしょうか。

沖浦　僕が前に学年をもったときには、とにかくいろんな経験をさせてやることを意識しました。最初のうちは球技大会とかでも教員がフレームをつくってやらないとできないんですね。少しずつ教員の関わる部分を減らしていって、中3くらいから自分たちで運営しなさいと、開会式から閉会式まで仕切らせる。中学卒業のときには卒業論文みたいなものを書かせて、書くだけじゃなくて、発表させて、よくできた生徒に関しては全学年の前で発表させるみたいなこともやりました。そうやっていくうちに、高2の文化祭が集大成で、そこで「やりきった！」と思わせたいなと考えていました。

おおた　どんな文化祭なのですか？

沖浦　クラス単位で出し物をする学校も多いでしょ。でもうちは中学のときからクラス単位じゃなくて、学年ごとにいくつかのセクションを用意して、自分の好きなところに加わる。たとえば、演劇、音楽、展示、壁画の4つに分けるとか。

おおた　壁画って、唐突ですね。

榊野　学年によりけりなんですよ（笑）。中1で和太鼓をやったこともありますし。

先生が「お前これやれ」と強制するんじゃなくて、いくつか用意した中で好きなのを自分で選ばせて、どこまでやれるかやってみなと。それを毎年続けて、高2で集大成を迎えます。

おおた　文化祭運営が、東大寺の教育の大きな柱になっているんですね。

榊野　そうです。高校生になると、バザーのパート、イベントのパート、校舎のパートというように役割で分かれます。

おおた　校舎のパート？

榊野　どの展示団体をどこの場所に割り振ってとか……。

おおた　そういう裏方的な役割ですね。

沖浦　会計とか装飾とかも。

榊野　あと総括もありますね。

おおた　高校生になると、文化祭を成立させるための仕事の役割分担があって、中学生では何かを表現するセクションに分かれるわけですね。

榊野　1つのものを組み立てて、実際に運営していくということを、生徒たちは最初は割と安易に考えるんです。でも実際やってみたら、やっぱりひとを動かすって難しいし。そういうことをいかに学ばせるかですよね。これからの時代、ひととひととの対話はますます大切になると思います。ひとの顔を見てきちんと話す。スマホが発達している時代ですが、顔を見て、ひとの動作の細かいところを見て話すことが大切やと思うんです。便利さの中で、ひとの細かい気持ちの動きだとかに鈍感になっているんじゃないでしょうか。

中高生にもなって授業参観は是か非か?

おおた　うかがっていると、中高生のうちに文化祭やらその他の行事やらで生徒たちを鍛えていくことがいかに大事かというメッセージが伝わってきます。

榊野　われわれの時代は、高1から準備を始めて、ほとんどの生徒が何らかの形で文化祭に関わっていたと思うんですけど。そこには普段仲良くない者もいたりして、普段とは違う集団ができるんです。でも文化祭の成功のためという一点で協力できました。それが大きな活力になっていたんじゃないかと思うんです。当時、たくさんの女の子に来てほしいっていうのも大きなモチベーションになっていました。それで女子校なんかにチケットを配りに行くんですけど、朝、遅刻するのもわかってて、女子校の校門の前で配るんですすよ（笑）。

おおた　遅刻上等みたいな（笑）。男子校の文化祭はそれが目的ってところがありますからね。でもいまはだいぶ客層が違うと、これもいろんな男子校で聞きます。それでモチベーションが下がっているってこともあるんじゃないでしょうか？

榊野　いまは保護者と小学生が多いですね。それはそれで大事にせなあかんと思いますが、そういう意味で活力が減っているんですかね（笑）。

おおた　最近、学校のイベントに保護者がすごく来るっていうじゃないですか。文化祭も運動会も部活の試合も。わが子の晴れ姿を見たいってことだとは思うんですが、これはどうなんでしょうね。

榊野　自分たちのころは、親に来られるなんて恥ずかしくて、「そんなの来るな！」という雰囲気を醸《かも》し出していたと思うのですが、いまの子たちはそういう雰囲気を醸し出しません。中2・中3になってお母さんといっしょにおっても別に何も問題がない。それでいうと、最近は保護者から「授業参観してくれ」という要望が増えていて、実際多くの学年でやり始めているんですよ。

沖浦　見たからって別にどうってこともないと思うんですけど……。

おおた　小学生じゃあるまいし、親に見られて中高生が張り切るなんてことがあるわけないし。普段の子供の様子をこの目で見ておきたいという親のエゴを満たすためですよね。そのエゴがそこで満足すればいいですけど、さらに欲求が高まっていくとしたら、ちょっと怖い。

「檻の中の自由」に慣らしてはダメ

榊野　僕らのときやったら、生徒が「来んな！」と言ったと思うんですけど、いまは生徒に聞いても、それはそれで別にかまわないという感じで。

沖浦　中には親に来てほしくないという生徒もいますけど、数はすごく少ない。去年高3の学年主任だったので、二次試験の応援に行ったんですよ。そしたら、京大の受験にお母さんといっしょに来ている生徒がいて。それはさすがにびっくりしました。

東大なら宿泊を伴うのでまだわかる気はするのですが、すぐそこの京大ですよ。「受験までかよ」とか思う。最近は入社式も親が来るって話も聞くし、そういう時代なのかなとも思うけど、久しぶりに高３を担任して衝撃的でしたね。「何が悪いんでしょう？」と言われれば、「お宅のことですからご自由に」という話になりますけれど……。

おおた　悪いとは言えないけれど、違和感はありますよね。

榊野　そういう子の傾向として、学校では友達が少ない。でもそれに対して本人らは残念だとか、友達つくらなあかんとかいう思いももってないんじゃないかな。親がいるっていうとこに甘えているっていうのがあって、ほかの子との接点が無くなっていってても平気だっていう。でも実際社会に出るとそういう訳にもいかない訳で。いろんな人と関わりながら仕事をしたりしてかなきゃあかんと、それができないんじゃないのかなと。

おおた　親に依存的になってしまっているのではないかと。

榊野　親さえいれば、別にほかのひとがいなくてもやっていけるっていう意識がどっかにあるんじゃないのかな。一人でいてもそれが昔だったら不安だとか自分から声かけたりとかする子もいたんでしょうけど、そうじゃなくてそれがもう日常であって、おかしなことでないと思ってて、自分からどうこうしようともちろんしないですし、そういう感じが増えた気がしますけども。

おおた　依存っていうキーワードから、いま私の発想が広がったんですけど、親の管理下で好き放題できるわけですよね。友達なんていなくても構わないし。でもそれって親の管理下っていうものであって本当の意味での自由ではありません。思ったことを実現しようとしたり、世界を開いていったりする自由とは対極にある自由というか。「与えられた自由」なのかな。東大寺が大事にする自由っていう概念はきっと自分で切り開いていく自由ですよね。見えない檻《おり》の中での自由に慣れてしまうと、東大寺が大事にしている「自由に生きるための術」であるとかが、いつまでたっても身に付かないなってことが言えると思うんですけど。

榊野　そうですね。

おおた　例えば適切じゃないかもしれませんが、親の管理下で好き放題しているのって、家の中から一歩も出ない家猫みたいですよね。でも東大寺は、野良猫として生きていけるたくましさを育《はぐく》む学校なんだろうと思います。その教育観とか人生観とは相《あい》容《い》れない育て方が横行しているのかなと思ったんですけど。

榊野　私はいま中3の担任してますけど、学年の中で「自由」っていうものを考えさせたいっていうのを1つテーマにしていて。もちろん縛ったりするわけでもなく、常に考えなさいっていうことをテーマにして、「自由って何だろう?」「最終的な自由って何?」ってね。答えはもちろん一人一人違うだろうけども、まさに「檻の中の自由」であってはダメなんだよっていうことだけは伝えたいと思っています。まず前提として、大人がそれを理解していないと話にならないですよね。まわりの大人がそれを理解していないために、自由を履《は》き違えたり、自分にとって心地いいことが自由だと思ってる子たちも結構いるんじゃないかなって思ってます。

おおた　絶滅危惧種になっている昔気質《かたぎ》の生徒と、いまどきの親と仲がいい生徒と、先生からしてみると、どちらが好ましいんですか?

沖浦　子供って親を乗り越えていかないとダメじゃないですか。教師も乗り越えていいかないとダメじゃないですか。反発心がないとスタートができないじゃないですか。最近の子は反抗期がないとかよく聞きますよね。なんか彼らは「先生は味方や」って思ってるちゃうかなって。親も味方やし、先生も味方。だから頼れるとこは頼っちゃえみたいな。敵対するものとは捉《とら》えられていないですね。

おおた　保護者の立場からしてみても、そんなに激しい反抗してこないな、物足りないな、本当にそれで良いのだろうかと思ったときに、自分の態度を硬化させるとかって必要なのか、自然体でいいのか？　素人《しろうと》には難しい判断ですけどどうなんでしょう？

沖浦　なんか問題があったときに、子供が問題行動を起こしたときに、怒られて、「悪かったな、じゃあ直そう」と思うのが普通の指導だと思うんですけど、親がその前に入ってきて「いや、ウチの子供こうなんですよ」って子供を守りに入ることがあります。それって子供の成長を阻害してますよね。全員ではないけど。

榊野　子供同士で時間が経てば解決できるってこちらが思ってるところに、親が先に入って来られると、関係が成立しなくなるってこっちは思うんですけど、そういうところが親にはなかなか伝わらないことがありますね。

おおた　それはよく聞きますね。しかも親同士ＬＩＮＥでつながっていたりして、どんどん問題が大きくなるという。そうなるともう子供同士で対処できる範囲を超えてしまう。

親も、いままでとは違う愛情を知るべき

おおた　先生方としてはそれなりに反抗期はあったほうが良いってことですよね。

沖浦　そうですね。そう思ってます。

おおた　全体的な傾向として、反抗期が少ないとか弱いって話ですけど、その中で逆に「学校もう来んなよ」っていう子の親御さんが、「ウチの子がおかしいんじゃないだろうか」と心配するケースもあるかと思うんですが、そういう親御さんが胸をなで下ろせるようなアドバイスとかありますか？

沖浦　相談してくれれば「いや、それ普通でしょ」ってアドバイスできますが、言ってこられないとわからないので、そこで悩んではる親御さんも結構いるのかもしれな

いですけど……。

おおた　それこそ親に向かって「うるせー」とか「アンタ」とか、昔からの定番の暴言とかあるじゃないですか。誰もが通る道かと思うんですけど、でもそういう時期って必ずあるよねって。でもそういうときにそこを親御さんが悩んでいたら、どんな慰めとかアドバイスをしますか？

榊野　慰《なぐさ》めますけど（笑）。

おおた　そんな口を聞いてきたら、徹底的に叱らなきゃならないんじゃないかとか思う親御さんもいるかなと思うんですが。

榊野　まあ、自分らもそうだったんで、そういう時期は誰にもあるんで。でも上級生になっていくときに、出てくるはずなんです、親の愛情に対する理解みたいなものが。言葉には出さないんですけど、変化は見て取れるはずなんですね。その変化を待ってってくださいという言い方をするときはありますね。

おおた　個人差はあると思いますが、大体何年生くらいに落ち着いてくるもんなんですかね？

沖浦　高2後半……。遅い？　これは僕はやっぱり文化祭からだと思うんです。ひとの協力がなければイベントは成功できないんだって。感謝の気持ちっていうのが高2の後半に生まれてきて、感謝の気持ちが受験勉強に向かったときに、お弁当つくってくれたりだとか、夜食つくってくれたりだとか、そういうとこへ向いてくると抜群に学力伸びますね、そういう子は。

おおた　そうですか！　そこは読者の心がぎゅっと摑《つか》まれるところですね。では、子供の暴言とか瞬間的な悪い態度に対して、親が取るべき態度っていうのは？

榊野　同じレベルに立つと喧嘩にしかならないじゃないですか、「言葉遣いくらいは気をつけよう」とか優しい感じで充分だと思いますので、余裕をもって接してもらえればと思うんですけどね。

おおた　大人の器《うつわ》というか余裕ですね。

榊野　いわゆる中3とか高1の反抗期を迎える子が出てくると、自分の手元から離れていく、すごくさみしいってよく言わはるんで、それは親としても乗り越えなきゃあかんところで、そのさみしさを乗り越えてまた違う愛情みたいなものが出てくるっていう言い方を何度かしたことはあります。

おおた　いままでとは違う愛情を親自身も知らなければいけないのですね。

幼児期には本人のやりたいことをやらせればいい

おおた　中学受験の時期にこれを気をつけておいてくれればうれしいんだけどな、というところはありますか？

榊野　幅広くものを見てほしいなと思いますけどね。もう1つは、少しでも良いから主体性をもって勉強してほしい。難しいとは思いますけど。塾とか与えられたものを何も考えなしにやるっていうんじゃなくて、少しでもいいからそれはこう考えるとか、こんなことせなあかんのかな、とか考えるものがあれば、中学に入ってから随分違う。多くの子は入ってから時間かけながら切り替えられると思うんですけど、どうしても与えられたものしかできませんっていう子がいるので、そういう子をつくり出さないためにもね、少しでも主体性を取り込むっていうのはやっといてもらえたらな。意識だけでも良いと思うんでね。どうしても小学生本人だけだと難しいと思うんで、親御さんが「これやりなさい」「あれやりなさい」で済ますんじゃなくて、「こんなのやってみたらどう？」とかね、そういう水を向けるみたいな言葉があれば少し響くものがあるんじゃないかなと思うんですけど。

おおた　主体性を引き出すためには、ちょっとでも待ってあげるっていうのが大切だと思うんですが、待ってる時間によその子は先に進んでいる！　っていう恐怖心に囚《とら》われるじゃないですか。昨今の中学受験勉強はどんどん高度化していって、与えられたものにいちいち疑いをもたない子のほうが勝っちゃうしくみですよね。

沖浦　東大寺に入ればバラ色の人生が待ってるみたいな、多分声かけをしてるんじゃないかなって。そこがフィニッシュみたいに思えてしまう。でも通過点でしかないので、そういうやり方で子供に勉強させないでほしいなって思いますね。僕らは「大学入ったら終わりやで」ってそんな教え方は絶対しないので。受験テクニックとかそういうスタンスに立たないので。親御さんもできたらそうなってほしいなって思うんですけどね。

おおた　でも、こうやって東大寺の教育観を聞いちゃうと、多少無理してでも押し込んじゃえば、６年間で先生たちが東大寺マジックでなんとかしてくれるんじゃないのって、ますます思われちゃうじゃないですか？

沖浦　たとえば家事の１つくらいはさせるとか、挨拶くらいはちゃんとさせるとか、食べたものは流しまでちゃんと持って行かせるとか、そんなところの何もかも奪って「勉強だけしなさい！」みたいなのはなんかちょっと間違ってる気がしますけどね。

おおた　お勉強以前のそういう年相応の当たり前をきちんとやっておいてくれれば、東大寺がもっと楽しい環境に感じられるし、東大寺でもっと伸ばせるよってことでいいですかね（笑）。

沖浦　まあそうですね、プラスに考えて（笑）。そこをしっかりしたうえで勉強させてくれれば。

おおた　では中学受験勉強が本格化する前の、偏差値とかまだ気にしなくていい時期の子育てに関するアドバイスを教えてください。

榊野　「普通」って表現に注意してください。「普通の子より遅れてる」とか「普通でない」とか。「普通」ってなんやねん。結局ほかの子との比較でしょう。よその子にできて、うちの子にできないことがあったとしても、その逆も必ずあるはずです。親はどうしても勉強のできるできないばかりに注目してしまいますが、たとえば地道に何かを創作するような力は、これからの時代は大事になってくるんじゃないかと思います。そこを伸ばしてやれば、のちのち大きな財産になるんじゃないかと思います。

沖浦　ええこと言うね（笑）。

榊野　幼児期には、本人がやりたいことをやりたいようにやらせてあげていればいいんじゃないかと思うんですけどね。

おおた　いろんな個性をもっているお子さんたちがそれぞれの個性を伸ばして成長していくのを、先生方はたくさん見ているからこそ、自信をもってそれを言えるんですよね。

榊野　東大寺は金太郎飴《あめ》をつくる学校ではないので。いろんな子がおって、いろんな特性を活《い》かしながら、バラエティ豊富な卒業生を送り出したいなというのが自分の教育に関わっている者としての誇りなんで。そういう意味で言えば、幼児期はとても大事な時期なんじゃないかと思います。

おおた　いろんな花が植わっているんだけど、ちゃんとそれぞれ違った花が咲くお花畑みたいな。チューリップだけが元気で、パンジーが上手く育たないとかじゃなくて、チューリップもパンジーもユリの花もよく育つ、みたいな。

沖浦　学校としては、それが理想ですよね。

第6章

収まるところに収まる〈武蔵式〉

現代の教育課題に100年前から取り組む

緑が多い校地の中には小川が流れ、なぜかやぎまでいます。野生のタヌキやハクビシンが出没し、雑木林では食べられるきのこ類や山芋まで自生しているということです。武蔵の中にいるだけで、癒《いや》やされます。

創立者は東武鉄道のオーナーの根津嘉一郎《ねづかいちろう》。山梨の豪商に生まれ、若いころは自由民権運動に力を入れていたこともありました。実際に衆議院議員や貴族院議員も務めました。事業で得た利益を社会に還元する意味で、巨額の私財を投じ、武蔵をつくります。

創立は1922年。日本初の私立七年制高校として開校しました。七年制高校とは、現在の中学校、高校、そして大学の教養課程を接続したような学校です。要するに、12歳で武蔵に入学すれば、大学の教養課程までの進学が保証され、そこを修了すれば、エスカレーター式に帝国大学に進学することができたのです。当時、教育熱が高まり、大学があまりに難関化していました。それを少しでも緩和しようと考えられた新しいタイプの学校でした。

いまでいえば、12歳で東大もしくは京大進学がほぼ確定するような、超エリート学校だったわけです。

一流大学進学がほぼ約束されていたわけですから、生徒たちは受験勉強に振り回されない本質的な勉強をすることができました。大学での学問を前提とした、学問のための勉強をすることができました。

建学の精神として「武蔵の三理想」が掲げられています。

東西文化融合のわが民族理想を遂行し得べき人物
世界に雄飛するにたえる人物
自ら調べ自ら考える力ある人物

「世界に雄飛」とはまさにグローバルということでしょう。「東西文化融合」はダイバーシティです。そして「自ら調べ自ら考える」を今風にいえばアクティブ・ラーニングでしょうか。１００年後の教育トレンドを見事に言い当てているようです。「自ら調べ自ら考える」は「自調自考《じちょうじこう》」と略され、学問に対する武蔵生の理想の態度として、いまでも至るところで語られます。

戦後の学制改革により、学校法のうえでは武蔵大学、武蔵高等学校、武蔵中学校に分かれました。しかし中学校および高校に関しては、戦前同様の一貫教育を旨《むね》とし、いまでも武蔵高等学校中学校という呼び名で統一しています。

ひつじになるな、やぎになれ!

武蔵の中学入試問題には名物があります。理科の試験では問題用紙といっしょに封筒が配られて、その中に日常生活で見たことのあるようななんらかのモノが入っているのです。試験が終わったらそのモノを持ち帰ることになっているので、一般に「おみやげ問題」と呼ばれています。ほぼ毎年同様の問題が出題されています。

2018年には、チャックの付いた透明な袋、袋から切り出したチャック、そして虫眼鏡が配られました。「ジップロック」という商品名で売られているようなタイプのビニール袋です。虫眼鏡でそのチャック部分を観察し、どういう構造になっているために密閉ができるのかを説明させるのです。

教科書で学んだ知識を使うのではなく、その場で実物を調べ、考え、答えさせる問題です。入試のその場で「自調自考」させるのです。

入学してからも、自調自考の毎日です。理科ではたくさんの実験や観察を行ないます。実験といっても、爆発したり、色が変わったりといったパフォーマンス的なものではありません。泥臭い作業をくり返し、地道にデータを積み上げていく訓練をします。それが科学の基礎であり、学問の基礎だからです。「結局答えは何ですか？」と結論を急ぐような子供には武蔵の教育は向かないと言っていいでしょう。

ＪＡＸＡ（宇宙航空研究開発機構）の小惑星探査機「はやぶさ」プロジェクトに武蔵出身者が多数関わっていることは有名です。また元東大総長で元文部大臣の有馬朗人《ありまあきと》さんは武蔵の出身で、現在武蔵学園の学園長を務めています。現在の東大総長の五神真《ごのかみまこと》さんも武蔵の出身です。

学問に対する真摯《しんし》な姿勢が求められる一方で、制服も校則もありません。夏場には生徒たちだけでなく、教員もＴシャツに短パン、サンダルという出で立ちで校内を歩く姿が見られます。まるで毎日が林間学校です。

やぎ小屋に掲げられている看板には「Be a goat, not a sheep.（ひつじになるな、やぎになれ）」の文字。ひつじは大衆迎合の象徴です。一方やぎは、納得できなかったり満たされなかったりすると、信頼する飼い主に対しても角《つの》を向けることがあるほど強い信念と主張の持ち主です。それが武蔵生のあるべき姿というわけです。

実際、武蔵生は群れることを嫌います。それが本書の5校の中ではちょっと特異な点かもしれません。あるＯＢは「自調自考」という言葉の中に「安易に群れるな」という意味合いが含まれているのだと教えてくれました。

そんな武蔵生の精神を象徴する行事が修学旅行です。山上学校、地学巡検、海浜学校、天文実習など、武蔵にはたくさんの学外行事がありますが、なぜか修学旅行がないのです。「集団の中に個々の責任が埋没してしまうような学校行事はむしろ進んで廃止し、そこで失われる修学旅行の美点は別の形で追求すべきである」として1978年を最後に廃止されたのです。

とかく団体旅行的になってしまう修学旅行がないという消極的な事実が、武蔵という学校の気骨を表わしています。
今回インタビューに応じてくれたのは、副校長の高野橋《たかのはし》雅之《まさゆき》先生（数学）と、教頭の加藤《かとう》十握《とつか》先生（国語）です。

特に中学生のうちは「ひま」が大切

おおた　これからの時代を生きていく男の子たちに、どんな力が必要になるのでしょうか。

高野橋　世の中全般というよりは、武蔵の生徒たちという話になってしまいますが、この学校の設立の主旨は社会をリードするひとを育てることです。そこはこれからも変わらないわけで、だとすると主体性や責任感を身に付けることは不可欠と言えます。ただ、これからの社会はこれまでの常識が通用しない社会です。私たち教員は、これからの社会がどうなるのか一生懸命予測しながら何をすればいいのかを考えますが、そもそもその予測自体が見当違いである可能性が高い。要するにどんな力を身に付けておけば有利になるのか、本当は「わからない」ということなんですね。ということは結局、どんな時代になっても生きていける力を身に付けてもらうしかないわけです。

加藤　この学校は本当の意味での「エリート」を育てる目的でつくられました。でもエリート像も時代によって変化していると思います。戦前はエリートと呼ばれるひとたちのイメージが明確で、具体的には東大に入り国家の中枢を担《にな》うことであり、そうなるための予備門的な意味合いがこの学校にはあったのだと思います。でもいまは、たとえ東大に入ったとしてもそのあとどうなるのかがあいまいな時代です。必ずしも東大から官僚になったり大企業のトップになったりしたひとたちが社会をリードしているかといったらそうでもないかもしれない。そうではないひとたちが実は社会をリードしているようにも見えます。

おおた　本当ですね。大企業に入って出世したひとたちが、いまだに自分たちの利益ばかりを考えていたり、トップ官僚になったひとたちが国会であきらかに不自然な答弁をしなければいけないような状況を見ていると、彼らが社会のリーダーとは思えないですからね。

加藤　かといって、東大をおろそかにするわけにはいかなくて。中高生にとっての当面の具体的な努力目標というのは必要なのだろうと思います。

高野橋　現在の社会のリーダーとは、必ずしも社会的な地位があるわけではないですよね。特に武蔵の卒業生には、お金や権力に無頓着なひとが多い（笑）。自分のやりたいことを実現し、それを積み重ねていったら結果的に社会を変えるリーダーになっていたというタイプが多い。

おおた　たしかに。武蔵の卒業生で貧困問題に取り組む湯浅誠《ゆあさまこと》さんにインタビューしたことがありますが、そういう感じでした。

高野橋　彼ももともと「社会を変えてやる」という目的が最初にあったわけではなくて、世の中のアンバランスに対する素朴な問題意識を積み重ねていった結果、地に足の着いた、いまの活動があるように感じます。

おおた　「社会を変える自分になりたい」という自己目的のために「さて、何をする？」という社会活動家みたいなひとも大勢いるように感じるのですが、それとはモチベーションの向きが逆なんですよね、武蔵のひとたちは。

高野橋　大正デモクラシーの時代なら、政治力も経済力も学力も高い人物が自ずと社会をリードするというわかりやすい図式があったのでしょうけれど。

おおた　いまそう聞いて考えたのですが、これからの時代は根津嘉一郎さんのような何でもできちゃうスーパーマンが必要なのではなくて、政治力のあるひと、経済力のあるひと、学力のあるひとというように、それぞれの得意分野をもちよって集団としてリーダーになる時代ではないかと思います。

高野橋　そうです。

加藤　でもその集団性が「みんなで仲良く」というのではダメなんですね。まわりの空気を読んで無難な案を出すのではなくて、突拍子もないことをボンと出せるひとが必要です。それを無難にまとめるのではなくて、論理性とか合理性とかを追求して、結論を導かなければいけません。ぶれないで結論にたどり着くためには、「信念」が必要です。本当に大事なものは何かを見定められなければいけません。

おおた　「信念」を支える論理性とか合理性とかを担保するものが、この学校の大切にする「学問」であるというわけですよね。受験勉強的な勉強ではなくて。

高野橋　学問とは、真実の積み上げであり、知識の体系だと思います。そして授業は学問する場だと私たちは考えています。私は数学の教師なので数学的に表現しますね。勉強は二次元で学問は三次元だといえると思います。学問は、勉強したことから視点を上げて全体を俯瞰する意味を含みます。そうすることで、こちらで勉強したことところで勉強したことが実はつながっていることに気付いたりできます。そういう力がないと大学入試の論述問題にも対応できません。そういう力がないとたとえば東大にも入れないようになっています。だからここでは、受験を利用する勉強をしているつもりです。

おおた　学問と受験勉強を切り離して考えるのではなく、学問的な三次元の視点を得るために、受験勉強を利用するという発想ですね。

加藤　6年一貫教育といいますが、6年間ずっと同じ教育をしているのもダメだと思います。発達段階というか、6年間の中のそれぞれのタイミングでやるべきことは違う。追い込みの時期には大量の知識を詰め込むことも必要になりますが、ゆっくり立ち止まって考えるために、ひまを与えていくことも必要です。特に中学の3年間は。

おおた　武蔵での勉強には受験勉強も当然含まれるけれども、そのための物量的な勉強を6年間続けるだけではダメだと。

反抗期がないと、ひとのせいにするひとになる

高野橋　そこは男の子の発達段階にも関わる話ですね。

おおた　というと?

高野橋　現在は「男女の能力には共通部分が多いはず」ということを前提に考える社会です。また数学的に表現すると、男の子の特性と女の子の特性とを、集合の関係を図式化したベン図で表わせばこうなります。重なっている部分はたしかに多いのですが、重なってない部分も確実にあります。そしてその違いは決して無視できないはずなんです。そこに着目しようというのが男子校や女子校の教育だと考えています。

おおた　なるほど、わかりやすいです。

高野橋　そのうえで、数学の勉強法も、男子と女子とでは違うはずです。女子は総じて、一定のペースでコツコツやるのが得意。しかも先生から丁寧に教えてほしいと望

んでいる場合が多い。でも男子は基本的に教えてほしくないんです（笑）。その代わり、自分で面白いことを見つけたらとことん頑張れるんです。興味をもった部分をとことん頑張る一方で、それ以外はおろそかにしてしまいがちなので、大人から見ると大変アンバランスに見えます。でも男の子とはそういうものだと認めてあげないと、男の子の良さがなくなってしまう。

おおた　男の子の良さ。

高野橋　興味をもったことを徹底的に追求する力が付けば、それを横展開することはあとからでもできます。でも一点を深掘りする探究心や集中力は、そういう経験がないと身に付きません。

おおた　最初からバランス良く力を付けるのではなくて、まずはどこかを深掘りしてからそれを横展開するのが男の子の特長だと。

高野橋　それが経験できれば、状況に応じて自分のすべきことを見出してそれを追求することができるようになる。すなわち「生きる力」が身に付きます。

おおた　そういう能力こそが、先行きが読めない時代において必要な「生きる力」であり、男の子が「生きる力」を身に付けるためには、アンバランスさを許容しなければいけないということですね。アンバランスな状態を見ていると、親としてはつい口を出したくなってしまう気もするのですが。

高野橋　そこは大人と子供の関係性の話になりますね。武蔵はかつて「放任」といわれていました。実際、そういう時期もあったかもしれません。逆に教師があまりかまいすぎると、生徒のほうから教師を突き放すようなところがありました。でもいまの生徒たちは、自分から教師に寄ってきます。それは一見、生徒と教師の関係が良好であるように見えると思うのですが、実は黄色信号かもしれないと思っています。

おおた　「黄色信号」というのは「危険」という意味ですよね。

高野橋　はい。生徒たちが自分の主体性を放棄して、何でも先生に相談しよう、先生に聞いてみようと思ってしまっているのかもしれないのです。

おおた　なぜ、いま、そうなっているのでしょうか。

高野橋　親子関係が良すぎるのが落とし穴なのかもしれません。みなさん中学受験の親子二人三脚という成功体験を、親子ともども引きずってしまうんですね。それで反抗期が来ない。反抗期がないということは自分の意思表明がないということですからね。自立できないということです。

おおた　反抗期がないと将来どうなってしまうのですか？

高野橋　自分で決められないのにすぐにひとのせいにするひとになってしまう可能性があります。

おおた　反抗期がないというのは、反抗する元気がないという場合と、子供の意見を尊重し親が受け止めてしまうので反抗にならない場合の両方があると思うのですが。

高野橋　反抗が正しい成長のプロセスであることを理解したうえで、親として言うべきことがあると思います。親としての価値観を伝えて衝突することはいいんです。親の考えも十分に理解したうえで、最終的に決めるのが本人であればいい。その意味で言うと、父親と母親がうまく役割分担できるといいですね。片方が自分の価値観を子供に強く訴えたら、もう片方の親は「まあまあ、この子にもこの子の考えがあるんだから」というように間《あいだ》を取りもつとか。両親揃って価値観を押しつける必要はありません。

自然を見るようなおおらかな目で子供を見る

おおた　先生たちは何千人という子供たちを見ているから「いまは反抗的でもそのうち落ち着く」というようなことがわかると思います。でも、普通の保護者は初めての子育てでわからないことだらけ。子供がだらだらしているとそのまま一生ニートになっちゃうんじゃないかしらと心配したり、暴言を吐くとそのまま暴力団に入っちゃうんじゃないかと心配になるのだと思います。

高野橋　子供たちは、親の前と外とでは違う態度を見せることがよくあります。ですから私たちは生徒たちの実態を必要に応じて保護者に伝えることで安心してもらうようにしています。そのためには私たちがまず生徒たちの実態を理解していなければいけません。私たちは、決して「放任」ではなく、生徒たちの実態を理解しながら見守るようにしています。適度な距離感を保つことで自発的な態度や自主的な態度を引き出すようにしています。

加藤　子育て中の親御さんが不安になってしまうのには、「責任」を求めすぎる世の中の風潮もあると思います。何にでも「責任」を求める時代です。世の中全体が窮屈になってしまっているのではないでしょうか。その中で、親の「責任」として、子育ても完璧にこなさなければいけないと思ってしまう。それで無意識のうちに理想の子供像にわが子をあてはめ、どんどんハードルを上げてしまう。

おおた　親自身が追いつめられ、視野が狭くなっているのかもしれませんね。どうやって冷静さを取り戻せばいいのでしょうか。

加藤　環境保全と似ていると思います。自然を守ろうというときに、野山にまったく手を入れずそのままに放置しておくのが保全ではないんですよね。人間にとっての自然とは、共存できる関係です。そういう自然を保全するならば、近年「里山」と人間の関係が注目されているように、ある程度手を入れる必要がある。基本的には自然のなすがままにしておきながら、ときどき最低限の手を入れてあげる。自然を見るようなおおらかな目で子供を見てあげられるといいのではないでしょうか。

おおた　「自然を見るようなおおらかな目」と聞いて、想起したのですが、昔のひとたちであれば、「自然」が自由奔放に育ちながら、それでも最終的にはそれなりの形に収まっていくのを、割と身近に見ていたのではないかと思うのです。でもいまの時代は、親世代であってもそのような「自然」を見たことがない。「このボタンを押すとこっちからこれが出てくる」みたいな直線的な因果律ばかりの人工物に囲まれて生きてきた。だから、「自然を見るようなおおらかな目」というものを、大人自身が養えていないのではないでしょうか。

加藤 そうかもしれません。木は必ず曲がるものなのに、それをまっすぐに育てることが自分の責任だと思うから、いつまでも支柱に縛り付けるような子育てになってしまい、親にとっても逃げ道がなくなってしまうのではないでしょうか。人間が人間を見る目自体が貧弱になっているのかもしれません。

高野橋 私たち教員であっても失敗することはあります。知らず知らずのうちに、子供たちを自分の価値観で評価してしまったり、自分の価値観に沿うように導こうとしてしまったりしている可能性は十分にあると思います。

おおた そうなんですか！ それを聞くと、むしろ親御さんたちも肩の力が抜けるかもしれません。「失敗してもいいんだ」って。

物事はなんとなく収まるべきところに収まる

高野橋　子供の人生にいつまでも責任をもとうとしてしまう保護者がいます。問題を起こして学校に呼び出されても、子供と同じ立場になってしまい、子供といっしょになって言い訳をすることがあります。

加藤　やっぱり教育の「責任」を重く考えすぎちゃうのでしょうね。子供がこうなったのは家庭の責任なのか学校の責任なのか、どっちの責任なのかという議論にとらわれてしまうことがあります。そういう議論になってしまうと、もう子供不在なんですね。子供には取れる範囲の責任を取ってもらう。でもそれでは足りない部分は、大人がフォローする。どこまでの責任を子供に取らせるのか、どうしたらそれを乗り越えて成長できるのかを、大人同士で議論しなければいけないのです。

おおた　こういうときの「責任」の所在って、感情をぶつけるための正当性として利用されがちですよね。「向こうに責任があるのだから、攻撃されて当然」みたいな。

加藤　他人の責任を執拗《しつよう》に追及してしまうのは、自分が責任を負わされることに対する不安が強いことの裏返しだと思います。

おおた　やっぱり「責任」を過度に追及することがさまざまな悪循環を生み出しているんですね。

高野橋　加藤さんが言うように、いまの社会は過度に責任を追及します。ですから逆に学校の中では失敗を奨励します。大きな失敗をしても、まわりのひとたちがしっかり寄り添ってあげることができれば子供は必ず復活します。

おおた　それを断言できるのが先生たちであり、それが先生たちの役割だと思います。これまで何千人という子供たちを見てきた先生たちが、「これだけは間違いない」ということを言ってくれる。今回の企画の肝《きも》ですね。そんなこと、どんなに大きな予算をかけて長い時間をかけて調査をしたところで、エビデンスなんてとれませんからね。でも男子教育のプロである先生たちが言うと説得力がある。

加藤　「教育」っていう言葉が「教えて育てる」という意味ですから、教える側の「責任」を強調してしまうんですよね。

おおた　Education に対する訳語として「教育」という言葉が明治時代につくられましたが、福沢諭吉はこれに猛反対したんですよね。Education のもともとの意味は

「引き出す」というニュアンスであって、「発育」とすべきだろうと。でも明治政府は富国強兵・殖産興業のために、あえて「教育」という上から目線の訳語を充《あ》てた。その影響がいまだに残っているわけですよね。

加藤　これからは共に育つ意味での「共育」でなければいけないと思います。子育てに誰が責任を取るかというのではなく、大人が共に育てて、子供も共に育つようにしていきたいと思います。親が責任を一手に引き受けるのではなく、大人たちの中で、子供の成長を見守るための役割分担をしていかなければいけないだろうと思います。また、本校では入学後すぐに記念祭という学園祭があり先輩たちが温かく輪に入れてくれますし、夏休みになると山上学校があり、今度は同じ学年の仲間と、自分たちで協力して地図を見ながら山を歩いたりします。生徒たちがいくつもの社会を築いて、そこでお互いに刺激し合いながら育っていき、それが学校の伝統を築いてゆくのです。私学にはそうした伝統の強みのようなものが絶対にあると思いますね。

おおた　みんなで子供を育てる文化ですね。

加藤　先日、新入生招集日では保護者に向けて次のような話をしました。「学校は学問をする場所であると同時に社会生活の場でもあります。実社会と同様にいろんなことが起こります。生徒同士のいやがらせや大きな失敗も当然起こります。そのようなものを未然に防ぐのではなく、子供たちがそれをどう乗り越えていくのかを見守る姿勢が大切です。私たちもつい口を出したくなることは多々ありますが、私たちもじっと我慢をしているのです」と。

おおた　どこまで我慢するのか、これまた塩梅《あんばい》が難しいところだと思うのですが、学校は社会生活の場であり、社会生活の場としてものごとがうまく運ばなくなるようなら先生たちが介入するから、それまでは我慢してほしいということですよね。

加藤　そうです。そのときには教員も保護者もいっしょになって、「チーム学校」として子供たちが社会生活を自分たちで築き上げるサポートができると良いと思います。学校が社会生活の場である限り、子供たちは必ず自分の居場所を見つけることができるはずなんです。

高野橋　「問題行動」を起こす子供もいます。でもその問題行動にも子供なりの理由があるんです。それは「間違い」であってその子の「本質」ではありません。いじめの問題も起こります。でもそれも、本質的にいじめる側といじめられる側があるのではなくて、巡り合わせです。そういう地に足の着いた思考というか、ゆとりが必要ですね。今回はたまたまいじめられる側になっただけで、状況が違えばいじめる側になっている可能性だってあるんです。ですから被害者だからといって過度に加害者を責めるのもどうかと思います。立場が逆になることだってあるのですから。何か問題が起こると、そのまま最悪の状態に進んでいってしまうと考えてしまうのでしょう。

加藤　毎年生徒たちを連れて対馬《つしま》に行っていますが、対馬の寄り合いみたいなものに参加させてもらったことがあるんですね。何かについてみんなで話し合うんですが、話はいろんな方面に脱線します。結局最終的には村の長老みたいな人が「じゃ、こんな感じで」というふうに話を丸く収めてしまう。あの「なんとなく収まっていく感じ」って大事なんじゃないかと思いました。いろいろな問題があれば、すべてを満足させる形なんてないんです。それでも物事はなんとなく収まるべきところに収まっていくはずなんですよね。

おおた　それもまさしく「自然」の摂理ですよね。無駄が多いようで、結局は合理的な形に収まっていく。

加藤　そうですね。

ルールを守らせるだけでは本質解決にならない

おおた　最終的にはなんとなく収まるところに収まっていくとしても、「ここだけは注意して、見逃さないでください」という観点はありますか？

加藤　「うちの子、朝起きられなくて、毎日叩いて起こして追い出しているんです」という親御さんもいます。でも、本当に起きられない状態になってしまっている子というのもいると思うんです。逃げ道がなくなってしまっている場合があります。起きられないという症状だけではなくて、スマホ依存にしてもゲーム依存にしても、そうせずにはいられない状態にまで追いつめられてしまっていることがあるんです。ルールを設けて従わせれば表面的には依存をやめさせることはできるかもしれませんが、そのような状態になってしまう背景に目を向けなければ、本質的には何も変わらないんです。

おおた　ゲームやスマホを悪者にするのではなく、ゲームやスマホに頼らざるを得なくなってしまうその理由に目を向けなければ、子供が抱える本当の問題は見えてこないということですね。

加藤　たとえば武蔵ではたくさんレポートを書かせます。提出が遅れて溜めすぎて借金過多になってしまうと、逃げ道がなくなって、本人の意思とは関係なく、心も体も動かなくなってしまうということがあります。成長したときにできる「穴」といううんでしょうかね、そうした穴に自分から入ってしまうことがあるのです。そうすると、人間関係がうまくいかなくなったり、興味や好奇心が縮んだりします。不安で閉じこもってしまうんですね。

おおた　子供がそういうＳＯＳを発していたら、親はどうすればいいのでしょう？

加藤　そんなときにはすべてをうまくやらせようとせず、「これだけでも頑張りなさい」と、ポイントを絞ってあげることが突破口になることがあります。

おおた　一カ所でもうまくいけばそこから好循環が生じるということですね。

加藤　いちばん大事なのは「あれ？」と思ったらまずたっぷり話を聞いてあげること

ですね。

おおた　でも思春期の男の子だと、「大丈夫?」なんて話しかけても「大丈夫だよ。うるせーな」となる可能性も高いですよね。

高野橋　元気かどうかです。すごく正直に言うと、朝起きれなかろうが、スマホばかりいじっていようが、元気ならいいんですよ。愛されていて、自由であれば、元気でいられます。どういう愛され方がいいかというのは一概には言えなくて。親と教師とでは愛し方が違いますし、年齢によっても違いますけれど。いずれにしても、規範を押しつけられて、レールの上に乗せられていたら、元気なんて出ないでしょう。

おおた　大人だってそうですよね。ただ、人間は失敗から学ぶということを、多くの親も頭では理解しているんだと思います。でもどれくらいまでの失敗なら見守っていてよくて、どの程度まで危険になったら手を差し伸べなければいけないのかという判断が難しいのではないでしょうか。

加藤　さきほど過度に責任を追及する社会を批判しましたが、失敗したら中高生だってできる範囲で責任をとらせなければいけません。中高生にとれない責任は大人がとらなければなりません。その塩梅が難しい。

おおた　失敗したまま何の責任もとらないのでは何も学べません。でもすべての責任を子供にとらせようと思うと、荷が重すぎて潰れてしまうかもしれない。

加藤　校外学習の実施のために、受け入れ先のひとたちと打ち合わせをしていたときに、「万が一のことがあったら責任は誰がとるのですか？」と聞かれました。そのときに私が「生徒たちにとれる範囲の責任は生徒たちにとらせますが、その範囲を超えていたら、最終的には学校が責任をとることになるでしょう。だから安心して生徒たちに接してあげてください」と答えたら、先方がびっくりされていました。「そんなことを言う学校はいまどきなかなかないですよ」と。

おおた　どういう意味ですか？

加藤　「お金を払っているのだから、そちらで責任をとってください」と言われるケースが多いんだそうです。

おおた　それはそれでびっくりですけれど……。一度「責任」を認めてしまうと、際限なく追及されるという印象があるのでしょうかね。

加藤　これももとを正せば１００点満点を最高とする減点主義の弊害かなと思うんですけどね。

おおた　どういう理屈ですか？

加藤　「足りない自分」を突かれることに対する過度な恐怖が大人たちにもあるのだと思います。

おおた　子供だけでなく大人にも１００点満点主義が染みついてしまっていて、それが巡り巡って子供に悪影響を与えていると。結局、大人の問題なのですね。

早期教育という幻想を手放そう

おおた　武蔵に入るためには過酷になりがちな中学受験勉強を経《へ》なければいけません。この期間に気をつけるべきことは何でしょうか？

高野橋　そこで主体性と責任感の話に戻ります。最初は親御さんの意思が大きいと思います。しかし中学受験勉強のどこかのタイミングで、儀式としてでもいいから、本人自身が「武蔵に行きたい。だから頑張る」と意思表示する状況をつくってほしいのです。

おおた　中学受験の機会を利用して、子供が自分でやったことの結果に対して自分で責任をとるという立て付けにするわけですね。中学受験で親子密着になるのではなく、逆に中学受験を機に親子でマインドセットを変える。でも本当にそうですからね。自分の努力によって自分の目の前に開ける道が変わるという経験をするわけですから。

高野橋　あとはやっぱり親子ともども元気であることがいちばんです。お互いの頑張りを認め合えるようになってほしい。

おおた　親が子供の頑張りを認めるだけではなくて、子供も親の頑張りを認められるようになってほしいと。

高野橋　親も少なくない犠牲を払っていることに気付けるようにしたほうがいいと思います。

おおた　中学受験生の段階でも、大人の視野を求めると。加藤先生はどうですか？

加藤　中学受験勉強は、生まれてからずっと一人の人間として生きてきた12年間の人生のうちの最後の2～3年に過ぎません。最後は追い込みが必要で、つらいけれど物量主義的な勉強も受け入れて仕上げなければなりません。本当は、とことんやりたいことができる環境をつくってあげたいですよね。でも受験勉強は時間的拘束が長いのが現実です。

高野橋　だから本人の意思が大切なのです。自分で決めたことなんだからやるんだと腹をくくる覚悟が必要です。

加藤　その前提として、対等に会話ができる環境づくりが必要だと思います。親に対して自分の意見を言えない子が増えているように思います。

おおた　では中学受験勉強が本格化する前についてはどんなアドバイスがありますか？

高野橋　習い事はやはり本人のやりたいことをやらせてあげてほしいと思います。小さいうちは吸収が速いからと、いろんなことをできるようにしておきたいと思って習い事をやらせたりするのでしょうが。

おおた　親がやらせたいことではなくて、子供がやりたいことをやらせるというのは鉄則ですよね。でも子供のやりたいことなら何でもやらせていいのでしょうか。

高野橋　始めるに当たって約束をするなど、はじめに条件提示が必要でしょうね。とりあえず半年は続けるとか。それをクリアしたらそのつど続けるかどうかを判断するのがいいのではないでしょうか。あなたのために、どれだけのお金を使っているとか、どれだけの時間を割《さ》いているかとか、そういうことは子供にもちゃんと言ってあげたほうがいいと思います。

おおた　中学受験のときだけでなく、幼児のころからそれは伝えるべきだと！　加藤先生は？

加藤　幼児期に子供が自分で人間関係を広げるのは非常に難しいと思うんですね。だから親がそういう環境を設定してあげることが大事だと思います。特に人生経験が浅いうちは、まずは成果よりも人間関係の広がりを大切にすることが良いと思います。習い事の目的はむしろそっちだと考えたほうがいいのではないでしょうか。入学後の部活動の目的も同じだと思います。

おおた　地域社会も希薄になっている現代においては、幼児期の子供にとっては家の中だけが世界のすべてになってしまいがち。習い事が世界を広げたり、接するひとの数を増やしたりする機会になる側面は大きいですよね。

加藤　あと幼児期は、とにかくよく見て、褒《ほ》めてあげることが大事ですね。早期英語教育なんていいますけれど、質の問題が大きいと思います。たとえば英語をやらせるにしても、それによって子供のどの部分を刺激してあげたいのか？　成果主義や競争社会的な価値観はまだこの時期には避けておいたほうがいいように感じます。

おおた　グローバル社会で勝ち組になるために英語をやらせるみたいな発想は危険だということですよね。

高野橋　早期教育の幻想ってありますよね。幼いうちに少しでもリードしておこうと思うのでしょうけれど、幼児のころに多少他人より先に進んでいても、そのうちその差は消滅します。大人になって役立つスキルを早く身に付けることよりも、何かに夢中になる感覚を経験することの意味が大きいと思います。

おおた　大人になってからできることは大人になってからやればいいのにと私なんかは思います。もちろん本人がプログラミングに興味があればやればいいし、英語に興味があればそれを夢中になってやるのは大歓迎だと思いますが。幼いうちは幼いうちにしかできないこと、成長してしまってからは後戻りして体験できないことをたくさんすべきなのではないかと思います。そういう体験が抜け落ちたまま成長することのほうが怖い。砂場遊びだったり、鬼ごっこだったり、何でもいいんですけど。

加藤　身体能力は幼いうちでないと養えなかったりしますから、身体を動かす体験を犠牲にすべきではないでしょうね。

おおた　親としてはどこかにあるかもしれない子供の才能を発掘したい一心でいろいろな習い事をさせる面もあると思うのですが、子供が好きなもの、夢中になれるものを見つけるコツはありますか？

加藤　図書館っていいと思うんですよね。本人のやりたいことを好きなようにやらせておく。最近の図書館は子供がのびのびと寝転んだりして、本を思うままに読むことができるスペースがあったりします。親から与えられるだけではなく、親といっしょになって能動的に読書を楽しむことのできる環境なんて素敵ですね。

おおた　本に興味を示す子ならいいですが……。

加藤　親の手伝いなんかもやっておくべきだと思います。私が幼いころは祖父・祖母の畑仕事を手伝わされたりしました。家の近くにお墓があって、そこの植木切りは私の担当でした。自分の仕事だと思うと、植木の枝の具合なんかが子供なりに気になるようになってくるんですよね。それで自分ではさみを入れたりするようになる。さらには、通りがかりの人に褒めてもらったり、お墓参りに来た人たちとお話をしたり、思わぬところで輪が広がったりもします。

おおた　子供のころの記憶で手伝っていたと言っても、実際はたまにやる程度だったかもしれませんよね。実際にはほとんどを大人がやってくれていたのかもしれない。でも子供本人としては自分がやっていたつもりになる。そこにこだわりも生まれてくる。そういう機会が大切だということですね。

加藤　どんな手伝いをしなくちゃいけないということはないと思うんです。親が等身大のチャレンジをしているところを見せてあげて、それに子供も巻き込んでいくのがいいのではないでしょうか。

「僕はできる！」と思い込ませる

おおた　文字を書けるようにとか、計算ができるようにとか、「やらせておかなくて本当に大丈夫？」って、不安な親御さんも多いと思います。

高野橋　好きになれば子供はぐんぐん伸びます。「わかる」とか「できた」という気持ちを大事にしてほしい。それで算数が好きになってくれたら、そこから先は早いですから。

おおた　テストで何点取れたかとか、他の子供よりも速くできたとか、目先の成果を求めるのではなくて、「わかる」とか「できた」という成功体験をたくさん積ませて、算数なら算数を好きだと思わせることが、この時期の勉強でもっとも重視すべきポイントだということですね。

高野橋　減点主義的にやってはいけないし、制限時間なんかも設けないほうがいい。できなかった部分に意識を向けがちだと思いますが、むしろできた部分を「これ、どうやって解いたの？」と聞いてあげてほしい。

加藤　この時期の勉強で大事なのは、「僕はできる！」と思い込ませることです。

高野橋　「僕はできる！」というプライドがない状態から勉強させるのは大変ですよ。

おおた　僕はできるんだという信念があれば、問題が解けないときには悔しいと思って粘るでしょうし、テストで悪い点をとったら「こんなはずはない」と思って奮起するでしょう。でもそもそも自分に対するプライドがないとそういう気持ちが湧いてこない。

高野橋　勉強したことが、人生の中でマイナスの体験になってしまうことは悲しいですよね。

加藤　たとえば100点って何なのかと考えてみると不思議ですよね。テストは100点満点ですが、それが本当に「最高」なんでしょうか？　150点の答案というのもあるんです。伸び盛りの子供たちですが、伸びる速度はひとそれぞれです。それぞれの生徒の伸びたところを評価してあげるシステムをつくってやらないといけないと感じます。

おおた　そういうシステムはつくれそうなのですか？

加藤　いや、それがなかなか難しい（笑）。それぞれの生徒が個別の目標を定めてそれに対してどれだけ到達できたのかを自己評価させる「ルーブリック評価」みたいなものも活用されるようになったわけですが、ルーブリック評価自体が１００点満点の発想から脱却できているわけではありませんから。

おおた　たしかに。

高野橋　教員自体が１００点満点の発想に縛られている可能性も大いにあります。

加藤　テストの点数だけでなくて、トータルで評価をしてあげなければいけない。

高野橋　成績は手段であって目的ではありませんから。

おおた　完璧な評価方法がないというのなら、逆に、学業成績そのものを過大に評価しないという社会的な共通認識をつくるしかないですね。学校で付けられる成績なんて、その子のごくごく一部の能力を表現したものに過ぎないという認識に、社会全体がなるしかありませんね。結局やはり、大人の問題ですね。

第7章

21世紀型「できる男」の育て方

スパイダーマンの親になる

『スパイダーマン』の映画を観たことがあるでしょうか。たくさんのバージョンがありますが、共通するプロットはだいたいこうです。

両親を亡くし叔父と叔母に育てられた科学オタクの男子高校生ピーターが、特殊なクモに咬《か》まれたことにより驚異的な身体能力を手に入れます。万能感に満たされ、持て余す力を利己的に使ってしまいます。親以上に大事に育ててくれた叔父や叔母にも、反抗的な態度を示すようになります。その様子を、叔父と叔母はオロオロしながら見守ります。

ある日、ピーターは強盗の現場を見かけます。特殊能力があれば簡単に捕まえることができるにもかかわらず、「自分の知ったことではない」と、強盗を見逃します。すると、たまたまそこに通りかかった叔父が、強盗を引き止め、たしなめようとします。しかし撃たれてしまいます。

叔父は身を以《もっ》て、ひととしてあるべき姿をピーターに見せました。息を引き取る直前ピーターの腕の中で叔父は、「大きな力をもつ者には、大きな責任が伴う」と、ピーターの目を見て言います。いわゆる「ノブレス・オブリージュ（高貴なる義務）」です。

ピーターは自分のもつ大きな力をどのように使うべきなのかを考え始めます。そして正義の味方へと成長するのです。

急激に成長し、力を持て余し、大失敗し、そこからようやく学ぶ。まさに、思春期の男の子たち誰もが通る成長の過程を象徴しているストーリーです。

21世紀の「男の子」は、親世代にとっては「未知の力」を使いこなさなければなりません。まさにスパイダーマンです。彼らを育てる親たちは、まさにスパイダーマンを育てているようなものなのです。

なぜ男の子は失敗から学ぶのか？

先生たちの共通見解として、「男の子は転ばせて伸ばす」がありました。失敗体験こそが、思春期における最高の教材であると。女の子であっても失敗から学ぶことは多いと思いますが、男の子はよりその傾向が強いと私も感じます。その違いをかつて

『男子校という選択』および『女子校という選択』を執筆した際に感じました。奇想天外に思えるかもしれませんが、そのときに思い当たった私の仮説はこうです。

ひとは言葉をもち、伝承つまり「教育」ができるようになったことで自らが進むべき進化の方向性を自分で決められるようになりました。ひとはよりスピーディに環境に適応するため、「教育」という「新しい進化の方法」を身に付けた生物なのではないかと思います。

遺伝的な進化の方法では数世代をまたがないと有効な能力を強化し伝えることができませんでしたが、教育という手段を身に付けたことで、世代をまたがなくても、生きていくうえで必要なスキルを直接次世代の子供たちに伝えることができるようになったのです。これによって「進化」のスピードを速めることができました。

話をシンプルにするために、狩猟採集民族の生活をイメージしてください。

たとえば、誰かが「バッファローを狩って食べることはできないか」と考えます。槍《やり》をつくって単身挑《いど》んでみますが、あえなく討ち死にします。「それでは」と、別の誰かが、「落とし穴をつくり、部族のみんなでバッファローをそこに追い込む」という方法を思いつきました。それがうまくいく。すると、その部族はバッファローという新しい糧《かて》を得て、繁栄する。

「こんなことをしてみたらどうなるか」と、あれこれ「実験」してみる。実験に失敗はつきもの。ときには命すら落とす。それでもあきらめず、失敗から学ぶ（＝学習）ことで、生き抜くことを有利にする新しいスキルを獲得する。そのスキルをすぐにまわりの仲間や次世代に伝える（＝教育）ことで、ひとは飛躍的に進化したのではないかと思います。

ところで、ひとは1回の出産で、基本的には1人の子供しか産めません。未来を生き抜くスキルをもった子孫を増やすためには、メスがたくさん必要です。一方、オスは少数でもいい。生物学的には。だから、リスクを冒《おか》すのはオスであるほうが効率的。だから、進化という文脈において、男女の役割が分化した。

つまり、男性は「リスクを冒す係」で、女性は「普遍的でいる係」なのではないでしょうか。数学に例えると、女性が「定数」で、男性が「変数」要素として、出てくる「解（＝次世代）」を変化させるのではないか。だから、槍でバッファローに挑むような無鉄砲は、男の役割として、本能に組み込まれたのではないか。

　科学的根拠は何もありませんけれど。

小学校の管理教育的体質にも問題がある

自分から動くことが苦手ないわゆる「指示待ちっ子」が増えていることも共通見解でした。

　中学受験最難関校でもある5校の先生たちの多くは、この原因を、二人三脚で乗り越えた中学受験の成功体験によるものと分析していました。たしかにその面はあるでしょう。しかし視野を広げてみると、必ずしも中学受験の勝ち組ばかりに親子密着が見られるわけではありません。中学受験をしていない親子にも、同様の傾向が多分にあると、公立高校の先生たちも口を揃えます。

　中高生の精神的自立が遅れ、自発性が育たない傾向が、いまの世の中全般に見られるのだとしたら、それは中学受験の影響だけでは説明がつきません。

実際、私の感覚では、むしろ中学受験期にしっかりと精神的に支え合った親子は、お互いを信じてスムーズにお互いの手を放すことができているように思います。「あの子はいざとなったら頑張る」「親はしっかり自分のことを見てくれている、応援してくれている」という信頼が、実感を伴ってお互いの中にあるからです。

だとしたら何が原因か。

ひとつは少子化によって、親が一人の子にたくさんの手をかけるようになっているからかもしれません。しかし私がもっと気になるのは、小学校での教育です。

先生の意図しない動きを生徒がしたときに、「誰が座っていいと言った?」「誰がしゃべっていいと言った?」などと言う先生がいまだにいるそうです。そんなコミュニケーションの仕方では、子供たちは何をするにも先生の許可が必要だと、強烈に刷《す》り込まれます。自発性を削《そ》ぐ効果は抜群です。

作文の中でまだ学校で習っていない漢字を使うと×にされるという話もよく聞きます。「勝手に学ぶな」というメッセージを強烈に突きつけているわけです。完全に受け身の学習姿勢が刷り込まれます。

まるで子供たちに「自ら考えるな」と必死に教えているように見えます。

ちなみに公立中学校の卒業式では、生徒たちが入場するなり、「静かにしろ！」と先生が怒鳴《どな》りつける場面も珍しくないようです。先生たちも、それをまったく悪《わる》びれもせず、保護者の前で普通にやる。学校という権力を盾《たて》にして振りかざされる上下関係は、「長いものには巻かれておけ」という服従精神を培《つちか》うのにもってこいです。

義務教育の集大成ともいえる卒業式で、それを教育の成果としてあえて披露しているのでしょう。これを当たり前だと思ってしまえば、ブラック企業にいいように使われる人間に育つわけです。権力者が黒を白だと言えば、それに合わせて公文書も書き換えてしまう人間が育つわけです。

子供の自発性の低さは、親子密着の問題とは別に、この管理教育的な学校の体質の影響も大きいのではないかと私は思います。

個人として、学校の先生が悪いわけではありません。構造的な問題だったと私は思います。

学校現場への社会的要求は高まるばかり。特に公立の学校の先生たちは多忙を極《きわ》めます。文部科学省が２０１７年4月に公表した教員勤務実態調査の結果によれば、過労死ラインといわれる週60時間以上の時間外労働勤務をしている教諭が、小学校では約３割、中学では約６割にも上ったとのこと。先生たち自身に自発的な挑戦をする心身的な余裕がなく、トラブルを起こさないことを最大の目的にクラス運営をしてしまいがちなのです。サラリーマンなら「社畜」と呼ばれる状態です。被管理者に教育される子供たちが被管理者のメンタリティーを受け取るのは当然です。

いま教員の長時間労働を見直す運動が起こっていますが、これは単なる労働問題ではありません。労働者としての教員の立場を守ることは、子供たちの健全な育成を守ることとイコールなのです。

男子校教育のアキレス腱とは？

21世紀的なキーワードとしては、グローバル化、ＩＴ化、人工知能（ＡＩ）の台頭、そしてジェンダーの観点が挙げられていました。特にジェンダーに関しては現時点で男子校教育最大の弱点になっていると思うので、ここで補足しておきましょう。

多くの女子校では、自分たちが女性であることを前提に、将来何を想定しておかなければいけないのかを考えさせる教育プログラムを用意しています。平均的に30歳前後で結婚して出産することを考えると、その前後のキャリアをどう設計するのか、10代のうちから考えておくべきだという話です。

しかし男子校におけるそのような教育プログラムはあまり聞いたことがありません。何歳くらいで育休を取るのかなど考えたこともないまま高校を卒業していく生徒も現状では多いはずです。「大きな夢をもて」というようなことは言われるかもしれませんが、パートナーとともに歩む人生に対する想像力が著しく欠如していることが容易に想像できます。

共学校ならまだましです。近くに女子がいて、なんとなくそういう雰囲気を感じることができるからです。男子校では、同じ年頃の女子たちが、将来に対してどんな希望や不安を抱えているのかを感じる機会がまったくありません。そこが男子校に共通する最大のアキレス腱だと私は思います。

「一人で生きる力」より「共に生きる力」

２０１７年、武蔵高等学校中学校で、特別授業をさせてもらいました。そこで、本書の第1章に掲載したのと同じデータを使用しました。

まず、日本は世界的に見てもジェンダー・ギャップの大きい国であることを示すデータを見せました。当然男性が優位な社会であるという意味です。次に、日本は世界的に見ても女性の幸福度と男性の幸福度の差が大きいことを示すデータも見せました。実は女性の幸福度のほうが高いことを示します。そして「なんでねじれているんだと思う?」と問いかけました。

昨今、「女性だけが育児や家事をすべきだ」と考える若者は少数派です。しかし「男性は一生働くものだ」という社会的思い込みは強い。

仕事を中心とした社会において、男性の論理でさまざまな仕組みが整えられていることは間違いありません。一方で、男性はその仕事社会から降りるという選択を認められていない。それが「ねじれ」として表われているのではないか。そう訴えました。

よく「女性には生理的な限界があるので、選択を迫られる」といわれます。しかし妊娠・出産・育児というライフイベントでキャリアの中断を迫られるのが女性の側だけというのはおかしい。たしかに妊娠・出産は女性にしかできません。しかし無事に赤ちゃんさえ生まれて、母体が回復すれば、女性が職場に復帰して、男性が育児や家事を主に担う役割を果たしてもいいはずです。

要するに、21世紀のど真ん中を生きる「未来のおじさん」たちに、「出産・育児は女性がやるものだと決めつけるのはおかしいんじゃないか」「キミたちが育児・家事を担うという選択もある」「キミたちにだって（企業組織に属しては）働かないという選択肢もある」ということを伝えました。「男性であること」にとらわれず、あらゆる思い込みを捨てて、あらゆる選択をテーブルの上に並べて自分の人生を決めてほしいと伝えました。

女性の場合、誰と結婚しようと、自分が子供を妊娠・出産できる期間は限られます。しかし男性の場合、相手の女性の年齢によってその時期がずれる（実際には男性も年齢とともに女性を妊娠させられる確率が下がることが知られていますが）。その意味では、ライフプランを考えるうえで、女性よりも不確実性が高いともいえる。だからこそ、自分の人生がいつどんな展開になったとしても悔《く》いのない選択ができるように、いまから入念に将来の生き方を想像してほしい。

どんな大学に行くことになるのか、どんな職業に就《つ》くことになるのか、それも大事ですが、将来のパートナーと、どんなふうに人生を支え合うことができそうか、それをちょっとでいいからいまからイメージしてほしいのです。

「どんな仕事に就くの？」「何歳くらいで結婚するの？」「いつまで働くの？」「妻の職業は？」「何歳くらいで子供が欲しい？」「育休は取るの？」「子育てはどれくらいする？」「家事はどれくらいやるつもり？」「子供は何人くらい欲しい？」「そもそも働くの？」などの問いを続けざまに投げかけました。

要するに「キミはどうやって生きていきたいんだ？」「キミにとって本当に大事なものは何なんだ？」という問いです。

「キミたちのほとんどは、大学に行き、仕事に就くでしょう。でも男性にだって働かないという選択はある。妻が外で働いて、夫が家のことをするというライフスタイルだってあり。『男なんだから俺が稼がなきゃ』という義務感で仕事をしていたら、仕事がうまくいかなくなったときにきっときつくなるよ。いろんな選択肢がある中で、好き好んで自分はいまこれを選んでいるんだと言えるように、自分の選択に責任をもつことが大事」。偉そうに、そんな話をしました。

たとえば同じ仕事でも、自分で選んだ仕事はいくらやっても苦しくありませんが、やらされた仕事をイヤイヤ続けているとつらくなることがあります。人生の選択も同じではないでしょうか。

自分で選んだ人生だと思えば、少々の困難は乗り越えられます。しかし困難を誰かのせいにしたときに、「自由」はその手からこぼれ落ちる。

「自由」とは「無限の問いの集合体」です。そこで考えることをやめたら「自由」ではいられなくなります。

特に男子校においてはそういう問いかけが今後ますます重要になるでしょう。そうでないとこれからの時代を生きていくのはますますつらくなる。いやむしろ、男子校だからそういう問いかけをしやすい面もあります。女子から見た「かっこいい男子」

「イケてる男子」「頼れる男子」を演じる必要がないからです。「男性であること」にとらわれず、あらゆる選択をテーブルの上に並べて率直な議論ができるはずなのです。

一人の「男」としてたくましく育てるだけでなく、パートナーとともにお互いを尊重しながら人生を歩むための素地も育む。そんな教育を実践することが、これからの男女共同参画社会において男子校が果たすべき役割ではないかと思います。

この点、現在の親世代は昭和的な性的役割分担を無意識のうちに引きずっている可能性があります。これだけ男女平等、男女共同といわれていても、親世代こそ、「そうはいっても男だから」「そうはいっても女だから」という意識が拭《ぬぐ》えません。それを目に見えない偏見「バイアス」と呼びます。

このバイアスを払拭し、「男であること」に縛られない人生を歩ませることは、これからの「男の子」育てにおいて、親が特に意識しなければならないポイントとなるでしょう。そしてそこが最大の難点となることでしょう。

子供は大人をいつも見ている

親は誰でも、子供に「ひととして正しい道」を教えたいと願います。しかし一方で、親の価値観を押しつけるわけにもいきません。親の価値観が、そもそも時代に即していないという場合も往々《おうおう》にして考えられます。

正しい道の伝え方にもいろいろな方法があります。ときにはガツンと言うのも1つの方法でしょうし、本人が気付くまで根気強く待つのも1つの方法ですし、手本を示すという方法もあります。

子供に何を伝えるべきなのか、伝えないべきなのか。どのように伝えるべきなのか。特に思春期のころには、親は禅問答のような毎日を過ごすことになります。当然、間違えることも多々あるでしょう。

その点、男子校に息子を通わせる隠れたメリットとして、男の子を育てる専門家たちのサポートを受け、親も成長できることが挙げられます。もちろん共学校にも同様の能力をもつ先生はたくさんいるでしょうが、そこは確率の問題かもしれません。

本書を読んで、「こんな先生たちに見守られていたら、男の子たちはかけがえのない時間をのびのびと過ごし、自分を見つめ、将来を見据えることができるだろう」と感じた読者も多かったのではないでしょうか。

生徒に生意気な態度をとられても、権力を振りかざしたり、高圧的に押さえつけたりはしないというスタンスが共通していました。

「生徒たちに好き勝手言わせていたら教師としての威厳に関わる」などと考えるひともいるのかもしれませんが、そんな飾り物のような威厳なら、特に生きる力が旺盛な優秀な子供たちにはすぐに見透《みす》かされてしまうだろうと私は思います。表面的には生徒たちを鎮圧できても、生徒たちの心の中はやさぐれ、学校は見る見るうちにすさんでいくはずです。

ひとは正しいことをやり抜く強さをもったひとに威厳を感じるものです。間違えたら素直に謝る、感謝の気持ちをもつ、思いやりを発揮するなどができるひとです。

「子供になめられてはいけない」と、つい怒鳴ってしまったりするのは、大人自身に自信がないからにほかなりません。子供を恐れているからです。それでは、子供も不幸です。

他人から暴言を吐かれたとき、真っ赤な顔をして怒る大人になってほしいか、暴言を華麗にかわして本当の威厳を見せられる大人になってほしいか。どちらを手本として子供たちに示すべきなのか、ちょっと考えれば、答えは明白です。

大人が子供を見ている以上に、子供は大人を見ているのです。子供は大人の言ったとおりにはしないが、大人のしたことをするのです。

子供に対する最大の励ましとは？

教育熱心すぎる親が、「あなたのため」と言いながら、子供を極限まで追いつめてしまう「教育虐待」をテーマにした拙著『追いつめる親』を執筆したとき、家から逃げ出した子供を保護するシェルターの運営者を取材しました。衝撃的な実話をたくさん聞き、言葉を失いました。

親は、毎朝子供が起きてきて、文句を言いながらも学校に行き、自慢できるほどではない成績をもらって帰ってくることを当たり前だと思ってしまいがちです。しかしそこに深い闇《やみ》につながる落とし穴が潜んでいます。当たり前の上にあぐらをかき、知らぬ間に子供の人権を侵害してしまっていることがあるのです。

一度死のうと思った子供の親は、「ただ、生きていてくれればいい」と、それだけを願うようになるのだそうです。「いい成績なんてとらなくていい。学校なんて行かなくてもいい。わが子が生きていてくれるだけでありがたい」とようやく思えるようになるそうです。

逆に言えば、その気持ちを忘れていたからこそ、子供はわが身を犠牲にしてまで、それを伝えなければならなかったということなのです。

心をボロボロにされてしまった子供に接する大人に必要なのは、心理学の知識でも、法律の知識でもないと、その運営者は言いました。「私たちにできることは、結局子供といっしょにオロオロしてあげることだけなんです。でもそれがいちばん大切なのです」と言うのです。

「あなたのために」とあれこれ考えるのは親の性《さが》です。しかしだからといって自分の期待通りの人生を子供に望むことは、親のエゴにほかなりません。親自身が「早く安心したい」「良い親だと思われたい」と自分の価値観に基づいて思っているだけです。

親とは違う自分の価値観を子供がもち、自分の力でそれを切り拓いてこそ、生きている実感を味わうことができるようになります。そのために親ができることは、究極的には、子供を励まし、見守ることだけです。

それはときとして非常に苦しい。つい手を出してやりたくなってしまう。でも、求められてもいないのに手を出してしまうことは、子供に「あなたは私がいないと何もできない」と伝えていることにほかなりません。それが子供の「生きる力」を削ぐことは、容易に想像ができます。

子供が育つうえで、もちろん親の影響は絶大です。しかし、あえて言います。

「結局のところ、親は実は無力である」

そう思って、「だからあなたは自分で生きていくしかない。でもあなたにはそれが必ずできるはず」と無言のメッセージを伝えながら子供を見守ることが、子供への最大の励ましなのではないかと、私は思います。

それでも子供を見守る苦しさに耐えられなくなりそうなとき、本書に記した先生たちの言葉を、ときどき思い出してみてください。

おわりに

２０１６年3月、ある塾が主催した保護者向け講演会に登壇する機会がありました。本書に協力してくれた灘および東大寺、そして神戸女学院の先生方と、これからの教育についてパネルディスカッション形式で語り合いました。

質疑応答の時間に、会場の一人の女性がマイクを握りました。

私の甥《おい》っ子にメッセージをいただきたいなと思っています。甥っ子は歴史が大好きな小学5年生です。歴史の本は何百冊も読んでいて、質問されてもとても私の知識では答えられません。

ある日の授業中、先生にたくさん質問をしたのだそうです。そうしたら先生が「お前はうるさい！　そこで正座していろ」と甥っ子を叱《しか》ったそうなんです。甥っ子はすごくショックを受けてしまいました。

「中学受験をするための準備が僕にはまだできていないようだから、中学受験はやめる。でも勉強は僕にとって有意義なものだと思うから、続けるよ」と言いました。なんて素敵な少年に育ちつつあるんだろうと感動しました。

本当は、灘や東大寺学園さんのような学校に入れればいいなと思うのですが、ちょっとそこまで頭がついていっていないようです。

でも甥っ子だけでなく、そういうお子さんは多いと思うんです。ぜひそういう子供たちに向けて一言メッセージをいただけたら、とってもうれしいです。

それに答えてくれたのが、第3章で登場した灘の大森秀治先生でした。

お子さんへのメッセージというか、いま質問してくれたおばさまへのメッセージになってしまうのですが……。

「この子、すごいな!」「この子、どんなふうになるだろうな」と見てくれる大人がまわりにいることが、子供を育てるんです。

学校に合わないとか、ある意味、理解のない教師もいると思いますけれども、「先生が必ずしも正しいわけじゃないから、あなたのやりたいことをやっていいんだよ」というメッセージを常に与えてほしいと思います。認めてくれる大人がいることが、どれだけ子供にとって心強いかと思いますので、励まし続けてあげてほしいと思います。

もちろん少年の関心は変わります。変わったときに、「あなた、あんなことしてたのに、どうしたの?」でなくて、子供の変化をまた認めてあげてほしい。それをまわりの大人がありのままに認めてあげることができれば、子供は決してねじ曲がらない。私はそう思っています。

その場で私はいたく感動し、言葉に詰まるほどでした。

実は第3章のためのインタビューのあとで、大森先生とその話の続きをちょうど2年ぶりにすることができました。「おわりに」に代えて、そのやりとりを記しておきます。

＊＊＊＊＊＊＊＊

おおた　あのときのあの先生の応答は、いまでもときどき思い出します。

大森　あれね。なかなかね、私らしい。子供にとって見られてる意識、守られてる意識というのはすごく大事ですよね。親がダメだったら、代役は果たせないかもしれないけど、教師であってもいいわけです。僕も、何人かは、「わかってくれるのは先生だけや」という体験はあるので。わかってくれるのは先生だけや、というのがあると、口に出さなくても、その子なりにちゃんとやろうとか、頑張ろうとかね、あるんですよ。味方が誰かいるってことは絶対励みになる。これは間違いない。

おおた　「子供は決してねじ曲がらない」はかっこよかったですよ。

大森　「ねじ曲がらない」発言（笑）。あのおばさんが偉いですよね。中学入試には学力足らんけど、って先生がけしからんわけで、あのケースはね。「すごいな」って言ってくれるおばちゃんがいるから、その子は絶対大丈夫。

おおた　「みんながみんな認めてくれるかわからないけど、誰か一人でも自分のことを認めてくれるひとがいれば子供はねじ曲がらないと私は思います」と。逆に言えば、「ねじ曲がっちゃう子っていうのは、まわりにそういう大人がいなかっただけだぞ」という意味合いだと受け止めました。

大森　そう。みんながみんな「あんた悪い子や」って言ったら、「どうせ俺は悪い子や」となっちゃうんですよ。

おおた　あれは、ほんとに大人に突きつけているものの重さというか、ずっしりとくる言葉だなと思って。「ねじ曲がるはずないんだ！」と。大人がちゃんと見てさえいれば。「ねじ曲がってしまった屈折してしまった子をダメな子という権利など誰にあるんだ！」という。「お前、見てたのか！」と。

大森　みんなでよってたかってダメな子にしたんですよ。そういう意味では、大人の責任も大事だし、教育の責任も大事だしというのはありますよね。

おおた　自分からダメになってる子はいないってことですよね。

大森　どんな子でも認められたがってるんです、子供は。だから、誰が認めてあげるかなんです。昔話をすれば、僕がここに雇われたときに、そのときの校長が、「最近の先生はみんなできがいいけど、できのいい先生は、できの悪いやつの気持ちがわからへん。お前やったらわかるやろ?」と。僕はできが悪かったので、できの悪い子の気持ちがわかるという、この説得力のある言葉（笑）。自分がこの学校に来たひとつの役割は、できの悪いやつの気持ちをわかってやること。できの悪いやつに寄り添ってやることが、僕の仕事だと思って教師になった。

おおた　そうでしたか。先生は高校紛争で、生徒側として学校と激しくやりあったやんちゃ坊主だったわけですからね（笑）。

大森　実際そう思って教師になったんだけど、教師を長くしていると、実はできのいい子も認められたがってるんですよ。ともすると、こういう学校に来ると、「お前はできるやろ、できるな」と。できるのはいいんだけど、どうできるのか、何を努力してるのか、見られてないので。できがいい子も、実は寂しい思いをしてるということがわかって。僕はやっぱり、それがわかってからは、「お前、よくこんなことできるな」と言うようになりました。より具体的に、「見てるよ!」メッセージね（笑）。要するに、何もせんでも頭いいからできるんやなくて、これだけのことやって、これだけの努力してるからできてるんやなという話をするようになった。

おおた　そういえば、先生は昔、私の『ルポ塾歴社会』を読んでくれて、「おおたさん、『できのいい子はできがいい』と書いてあったけど、努力する才能というのもあるんやで。できる子もものすごく努力してるんやで。それも書いてほしかった」とおっしゃっていましたよね。

大森　「見てる」いうのはただほんまに見てるんじゃなくて、具体的にその子が何について頑張っているのか、何について困ってるのかを知ってあげること。認められたがっているのはできる子も同じなんだと。できる子って、ときどきほったらかされるじゃないですか。「お前はほっておいてもできる」と。いや、ほっといてもできるっていうけど、何もせんでできてるわけじゃないので。彼らは彼らでひとの見えないところで頑張ったりしているので、それはそれで彼らに対しても「知ってるよ」というアピールは大事。そうなってくると、全員見なきゃいけないから大変なんやけど（笑）。でもほんとにね、ともすると、できない子と同じくらい、できる子はないがしろにされてるの。

おおた　たしかに、そうですよね。灘の中でもできてる子だったら、もう大人はやることないと思っちゃうけど。灘の先生でもそこは細かく目をかけて、できない子はもちろんだけど、できる子もちゃんと細かいところ見てあげて、評価するポイントを具体的に示してあげるということが。

大森　そうなんですよ。教育って、「見といてあげてください」っていうのは、そこなんですよ。「ほんまに見てますか？」ってことなんです。

おおた　いまの先生の話だと、ただ見てるんじゃなく、頑張ってるなって思ってるだけじゃなくって、やっぱりそれを言葉にすべきと。

大森　ちょっとね。「え、先生ようそんなとこまで見てるな」という感じで。

おおた　ちょっと伝える。

大森　そう。いつもいつもほめる必要ないけど、ぼそっとね。「お前、同じ問題、3回くらい解いたんちゃうか」て言ってあげると、生徒も「わかりますか!?」と言って表情を明るくしますよ。「だって、提出した課題、間違ったとこ何度もやり直してたよな。消しゴムで何度も消した跡あったもん。すごいなあ、お前あれ何回やったんや」と言ってやれば、「ちゃんと見てくれているんだな」と思うじゃないですか。

おおた　ちゃんと見ていてあげて、ここぞというときにはちゃんと伝えてあげる。これは親もいっしょですよね。

大森「あのひとはちゃんと見てくれてる、わかってくれてる」と思えれば、子供は決してねじ曲がりません。

＊＊＊＊＊＊＊＊＊

「あのひとはちゃんと見てくれてる、わかってくれてる。そう思える大人がいれば、子供は決してねじ曲がらない」

この本でいちばん私が伝えたかったことを言葉にすれば、たったこれだけのことだったのかもしれません。

２０１８年３月

おおたとしまさ

この場をお借りして、この本を最後に長年の編集者生活を引退される水無瀬尚さんに感謝の意を伝えたい。土壇場でのタイトル変更など、さまざまな無理を聞いてくださった水無瀬さんのおかげで、書きたかった本が書けました。そしてお疲れ様でした。

切りとり線

★読者のみなさまにお願い

この本をお読みになって、どんな感想をお持ちでしょうか。祥伝社のホームページから書評をお送りいただけたら、ありがたく存じます。今後の企画の参考にさせていただきます。また、次ページの原稿用紙を切り取り、左記まで郵送していただいても結構です。

お寄せいただいた書評は、ご了解のうえ新聞・雑誌などを通じて紹介させていただくこともあります。採用の場合は、特製図書カードを差しあげます。

なお、ご記入いただいたお名前、ご住所、ご連絡先等は、書評紹介の事前了解、謝礼のお届け以外の目的で利用することはありません。また、それらの情報を6カ月を越えて保管することもありません。

〒101−8701（お手紙は郵便番号だけで届きます）
祥伝社新書編集部
電話03（3265）2310
祥伝社ホームページ　http://www.shodensha.co.jp/bookreview/

★本書の購入動機（新聞名か雑誌名、あるいは○をつけてください）

＿＿＿＿新聞の広告を見て	＿＿＿＿誌の広告を見て	＿＿＿＿新聞の書評を見て	＿＿＿＿誌の書評を見て	書店で見かけて	知人のすすめで

★100字書評……開成・灘・麻布・東大寺・武蔵は転ばせて伸ばす

名前

住所

年齢

職業

おおたとしまさ

教育ジャーナリスト。1973年、東京生まれ。麻布中学・高校卒業。東京外国語大学英米語学科中退、上智大学英語学科卒業。リクルートから独立後、数々の育児・教育誌の編集に携わる。学校や塾、保護者の現状に詳しく、各種メディアへの寄稿、コメント掲載、出演も多数。心理カウンセラーの資格、中高の教員免許を持ち、小学校教員の経験もある。『名門校とは何か?』(朝日新書)、『ルポ東大女子』(幻冬舎新書)、『名門校「武蔵」で考える　東大合格より大事なこと』(集英社新書)などのほか、祥伝社新書に『なぜ、東大生の3人に1人が公文式なのか?』がある。

開成《かいせい》・灘《なだ》・麻布《あざぶ》・東大寺《とうだいじ》・武蔵《むさし》は
転《ころ》ばせて伸《の》ばす

おおたとしまさ

2018年5月10日　初版第1刷発行

発行者……………辻 浩明

発行所……………祥伝社《しょうでんしゃ》

〒101-8701　東京都千代田区神田神保町3-3
電話　03(3265)2081(販売部)
電話　03(3265)2310(編集部)
電話　03(3265)3622(業務部)
ホームページ　http://www.shodensha.co.jp/

装丁者……………盛川和洋

印刷所……………堀内印刷

製本所……………ナショナル製本

Printed in Japan ISBN978-4-396-11536-4 C0237

〈祥伝社新書〉
教育・受験

360
なぜ受験勉強は人生に役立つのか
教育学者と中学受験のプロによる白熱の対論。頭のいい子の育て方ほか
明治大学教授 齋藤 孝
家庭教師 西村則《のり》康《やす》

433
なぜ、中高一貫校で子どもは伸びるのか
開成学園の実践例を織り交ぜながら、勉強法、進路選択、親の役割などを言及
開成中学校・高校校長 東京大学名誉教授 柳沢幸雄

489
教育費破産
大学生の2人に1人が奨学金だのみの現状。高騰する教育費にどう立ち向かうか？
安田賢治

495
なぜ、東大生の3人に1人が公文式なのか？
世界でもっとも有名な学習教室の強さの秘密と意外な弱点とは？
育児・教育ジャーナリスト おおたとしまさ

519
日比谷高校の奇跡
堕ちた名門校はなぜ復活し、何を教えているのか
公立高校一位の東大合格者急増を成し遂げた理由がここに！
日比谷高校校長 武内 彰